Claussen · Unterrichten mit Wochenplänen

Claus Claussen

Unterrichten mit Wochenplänen

Kinder zur Selbständigkeit begleiten

Beltz Verlag · Weinheim und Basel

Der Autor:

Claus Claussen, Jg. 1936, Diplompädagoge, Lehrerfortbildner/Studiendirektor i.R., bis Ende 1995 am Hessischen Institut für Lehrerfortbildung, Fachbereich Grundschule, und Koordinator für regionale Lehrerfortbildung.

Lektorat: Peter E. Kalb

© 1997 Beltz Verlag · Weinheim und Basel
Herstellung: Klaus Kaltenberg
Satz: Satz- und Reprotechnik GmbH, Hemsbach
Druck: Druckhaus »Thomas Müntzer«, Bad Langensalza
Umschlaggestaltung: Federico Luci, Köln
Umschlagfoto: Michael Seifert, Hannover
Printed in Germany

ISBN 3-407-25171-8

Inhaltsverzeichnis

5

Vorwort

Anhand einer differenzierten schulpädagogischen Bestands-
aufnahme informiert das vorliegende Buch über den Wochenplanunterricht in jenen Grundschulen, die den Auftrag zur
grundlegenden Bildung durch binnendifferenzierenden Unterricht einlösen wollen.
Meine Vorstellungen zielten von Anfang an auf vielfältige
Einblicke in die gegenwärtigen facettenreichen Erscheinungs-
formen des Wochenplanunterrichts in der Schulpraxis und auf
das verhältnismäßig breite Spektrum der in Zeitschriften- und
Buchveröffentlichungen mitgeteilten reflektierten Unterrichtserfahrungen und ersten empirischen Befunden. Wesentlich erschien vor allem, eine Zielkategorie aufzufinden, die
jene vielen teils identischen, ähnlichen und die teils unterschiedlichen Ansätze zum Wochenplanunterricht gleichwohl
miteinander verbinden könnte.
Dabei stellte sich vor anderen die Zielkategorie Selbständigkeit heraus, zu der hin Wochenplanunterricht generell die
Kinder begleiten soll.
In dem Maße, in dem Kinder selbständiger lernen und
arbeiten können, müssen auch Wochenpläne (und später in der
Sekundarstufe Arbeitspläne) hinsichtlich ihres Anspruches
verändert werden.
Die Entwicklung in der Grundschule verläuft gegenwärtig
– gerade auch mit Blick auf andere Schulstufen – relativ dynamisch – das Erscheinungsbild und auch die Akzeptanz von
Grundschule haben sich in den letzten Jahrzehnten deutlich
verändert: Die Richtung von der alten Belehrungsschule zur
Kinderschule ist unverkennbar.

Gleichwohl verstummen die Forderungen nach ihrer ständigen Reform nicht; Forderungen nach Reform der Grundschule sind zugleich so alt wie die Grundschule selbst.

Im Rahmen der Öffnung von Schule und Unterricht ist auch die Diskussion um Wochenplanunterricht und um seine innere wie organisatorische Ausgestaltung noch in vollem Gange. Es geht vor allem um die Frage, in welchen unterrichtlichen Zusammenhängen, in welcher Form und mit welchem Anspruch er seinen Platz in der gegenwärtigen Grundschule finden könnte. Gelegentlich wird im Rahmen dieser Diskussion auch auf die »Herkünfte« des Wochenplanunterrichts verwiesen. Dabei zeichnet sich zumeist eine uneinheitliche »Quellenlage« ab.

Im Mittelpunkt des Buches stehen deshalb auch Rückgriffe auf jene Traditionslinien aus der Reformpädagogik, von denen aus insgesamt vielfältige Impulse für die moderne Grundschule festgestellt werden. Sie verbinden sich u.a. mit M. Montessori, H. Parkhurst, P. Petersen und C. Freinet.

Aus der aktuellen Diskussion werden z.B. jene Schwerpunkte aufgegriffen, die etwa das Verhältnis von Wochenplanunterricht zu freier Arbeit bzw. von Pflicht- oder Wahlaufgaben, von Vor-Schrift oder Eigenentscheidungen und eigenen Lerninitiativen der Kinder betreffen.

Letztlich wird auch die Frage diskutiert, wie Wochenplanunterricht mit anderen reformorientierten und für den Grundschulunterricht innovativen Konzepten verbunden werden könnte.

Das Buch wendet sich an Lehrerinnen und Lehrer in der Grundschule, an Berufsanfänger wie an Berufserfahrene, an EinsteigerInnen wie an Fortgeschrittene und soll zum Durchdenken der eigenen Berufspraxis anregen.

Mein besonderer Dank gilt Herrn Prof. Dr. Dieter Haarmann, der das Manuskript durchgesehen und zahlreiche wertvolle Hinweise für seine Endfassung gegeben hat.

Claus Claussen

1. Einführung

In immer stärkerem Maße sieht sich die Grundschule heute mit der Forderung konfrontiert, den Unterricht für die heranwachsenden Kinder *binnendifferenziert* zu organisieren. Auslösende Faktoren bzw. Motive für Veränderungen sind dabei nicht nur erziehungswissenschaftlich fundierte Erkenntnisse über die erwünschte Qualität von Unterricht, sondern vielmehr die vorhandenen Verhältnisse, der *Druck der Realität* im Klassenzimmer, die andere Reaktionen bzw. tradierten Frontalunterricht mit gleichschrittigem »Vorrücken« nicht mehr zulassen.

Mit binnendifferenziertem Unterricht versucht die Regelgrundschule als prinzipiell familienergänzende Institution auf tiefgreifende Veränderungen der Lebenswelt und -wirklichkeit der Kinder und die in der Folge größeren Unterschiede (z.B. größere Entwicklungsdifferenziertheit, größeres Leistungsgefälle innerhalb gleicher Jahrgangsstufen, kulturelle Herkünfte bzw. Hintergründe, unterschiedliche Erfahrungshintergründe u.v.a.m.) angemessen, d.h. mit vielfältigen und variantenreichen Unterrichtsformen und -arrangements zu reagieren (siehe dazu Fölling-Albers 1989; Preuss-Lausitz 1990, S. 11ff.; Herz 1989).

Mit anderen Worten heißt das, daß die Grundschule versucht, von den gegenwärtigen Sozialisationsbedingungen und von den daraus resultierenden Bedürfnissen der Kinder her ihren Unterricht neu zu orientieren und zu strukturieren.

Auf der Suche nach angemessenen Formen der Binnendifferenzierung im Bereich der Grundschule zeigen Lehrerinnen und Lehrer vermehrt Interesse am Wochenplanunterricht

(WPU) bzw. an entsprechenden Angeboten in der institutionalisierten Lehrerfortbildung, vor allem an solchen, die sich unmittelbar auf ihre Praxis beziehen und schon von der Anlage her Gewähr dafür zu bieten scheinen, daß Anregungen, Praxishilfen, Materialien, Strategien möglichst direkt in die je eigenen Klassensituationen übertragen werden können.

Institutionalisierte Lehrerfortbildung ist das Erfahrungsfeld des Verfassers.

Vor diesem Hintergrund fällt auf, daß zum einen Lehrgangsangebote zwar sehr stark nachgefragt werden (Mehrfachüberzeichnungen), daß andererseits aber während der Lehrgänge relativ differenzierte Einschätzungen des WPU sichtbar werden. Zum einen vertreten die als Teamer und Teamerinnen eingeladenen Lehrer und Lehrerinnen aus der Praxis unterschiedliche Ansätze und Varianten des WPU, zum anderen berichten die Teilnehmer und Teilnehmerinnen über höchst unterschiedliche Erfahrungen, die zunächst oft kaum vereinbar scheinen, auch wenn sie sich auf das gleiche »Stichwort« beziehen. Es gibt dort ausgesprochen positive Erfahrungen, geradezu begeisterte Schilderungen (die sich übrigens auch in zahlreichen Aufsätzen und Zeitschriftenbeiträgen widerspiegeln), wie auch durchaus negativ getönte Beschreibungen von »Abbrüchen« nach kürzeren oder längeren Bemühungen um die Einführung von WPU im Unterricht der eigenen Klasse oder im eigenen Kollegium.

Oft beziehen sich kontroverse Einschätzungen auf zunächst vordergründig erscheinende Detailfragen (z.B. Gliederung und Formulierung von Texten auf Wochenplänen), und oft genügen ebenso vordergründige Detailantworten, um Kontroversen scheinbar zu beenden, ohne daß die grundsätzlichen Zielsetzungen, die pädagogisch-didaktischen Grundannahmen oder auch die erzieherischen Absichten, die sich mit WPU verbinden lassen, explizit werden.

Das heißt: Sowohl die schlichte, wenig reflektierte Übernahme des Konzepts WPU wie auch die Unklarheit über Zielsetzungen oder andererseits die Überfrachtung mit teils unrealistisch überhöhten Zielsetzungen sind möglich und prägen die Diskussionen.

Hinzu kommen vielfach begriffliche Unsicherheiten im Gebrauch schulreformorientierter Termini.

Da WPU wie jedes andere Stichwort eine Geschichte hat, erscheint es geboten, einen ersten Zugang bei jenen Quellen bzw. Veröffentlichungen aus den »Reform-Schüben« der 20er und der 70er Jahre zu gewinnen, die im Zusammenhang mit WPU als relevant erachtet werden. Ein weiterer Zugang ist über den aktuellen Veröffentlichungsstand zu gewinnen, und zwar über Buch- wie Zeitschriftenveröffentlichungen.

Vor dem Hintergrund dieser Zustandsanalyse und -beschreibung kann dann der didaktische Ort des WPU in einem erziehenden Unterricht der Grundschule genauer bestimmt werden; es können insbesondere seine zukunftsbedeutsamen Entwicklungsmöglichkeiten im Rahmen einer stets zu reformierenden Grundschule aufgezeigt werden.

In einer einleitenden Problemskizze soll auf die wesentlichen Schwer- bzw. Kulminationspunkte der teils kontroversen, teils unklaren bzw. ungeklärten Diskussion um den WPU hingewiesen werden.

2. Einleitende Problemskizze zur Verdeutlichung der Situation

Wochenplanunterricht wird in den letzten Jahren in einem Zuge mit Zustands- oder Prozeßbeschreibungen einer inneren Reform der Grundschule genannt, die zunächst pauschal als durch eher schüler- denn lehrerzentrierten Unterricht gekennzeichnet werden kann und in der Regel insgesamt als positiv beurteilt wird.

Während die älteren Veröffentlichungen, die nicht selten Impulscharakter für Veränderungen bekamen, konzeptionelle Überlegungen mit mehr theoretisch-erziehungswissenschaftlichen (auch anthropologischen und entwicklungspsychologischen) Reflexionen einerseits und unterrichtspraktischen Erwägungen wie Vorschlägen andererseits verbinden bzw. diese aus jenen herleiten, sind die jüngeren Veröffentlichungen eher im mehr unterrichtspraktischen Bereich zu verorten. Es geht in der Regel dort fast ausschließlich um unterrichtspraktische, methodische Ausformungen eines offenkundig allseits anerkannten, bereits vorentschiedenen und ohne inhaltliche Probleme legitimierbaren Lehr-Lern-Konzepts für die Grundschule.

Beitrag zur »Öffnung« des Unterrichts

Zum anderen wird WPU in der jüngsten Zeit zu den »Unterrichtsformen für den offenen Unterricht« gezählt und damit den »geschlossenen Unterrichtsformen« gegenübergestellt (Herbert 1987, S. 12), wobei angenommen wird, daß diese »Öffnung« inhaltlich mit »guten« (Kasper 1988, S. 62ff.) Zielsetzungen für den Unterricht verbunden ist, die kurz folgendermaßen gekennzeichnet werden können:»Mit den Kindern in einer Weise zu lernen, die sie als Individuen berücksichtigt, ihre Interessen auf- und sie als Lernende ernst nimmt« (Herbert 1987).

Es kann angenommen werden, daß diese didaktische Verortung des WPU im Spannungsbogen»offen – geschlossen« von vielen in einen Zusammenhang mit Entwicklungen gerückt wird, die – an pädagogischen Vorbildern aus der Zeit der Reformpädagogik der 20er Jahre dieses Jahrhunderts orientiert – die Reform der Grundschule aus der Schule selbst,»von unten« bzw.»von innen heraus« ansetzen wollen und sich als »Gegenbewegung« verstehen gegen die Bildungsreform der 70er Jahre und ihre Folgen, d.h. gegen»eine zu starke Verwissenschaftlichung des schulischen Lernens«, die sich an»einer starken Lernzielorientierung in Lehr- und Lernprozessen« zeigte und sich in»lernzielorientierten« bzw.»geschlossenen« Curricula niederschlug (Pallasch/Reimers 1990, S. 21).

Andererseits ist die anscheinend klare Einordnung nicht unproblematisch. Kasper schätzt die oben angeführte Diskussion um offenen Unterricht wie folgt ein:

»Obwohl offener Unterricht in der deutschen schulpädagogischen Diskussion seit Beginn der 70er Jahre in Theorie und Praxis wachsende Bedeutung fand, gibt es am Ausgang der 80er Jahre weder ein einheitliches Konzeptverständnis, noch herrscht Einigkeit darüber, welche Unterrichtsformen mit diesem Begriff erfaßt werden sollen. Man muß vielmehr davon ausgehen, daß die gegenwärtige ›offene‹ Szene‹ von unterschiedlichen Traditionen und Richtungen bestimmt ist, daß die Praxisfelder, die für sich das Prädikat ›offen‹ beanspruchen, verschieden strukturiert sind, daß die Reichweite des Konzepts unterschiedlich eingeschätzt wird und die größere, geringere oder fehlende Toleranz gegenüber anderen Konzepten das Gespräch zwischen Befürwortern, Gegnern und vorsichtig Abwartenden erschwert« (Kasper 1988, S. 62).

Auch wenn man die oben referierte Zuordnung des WPU zu »offenen Unterrichtsformen« mit den Beschreibungen zum

»Wochenplan-Konzept« aus dem »Marburger Grundschulprojekt« vergleicht, das »in den Jahren 1971 bis 1979 von einer erziehungswissenschaftlichen Forschungsgruppe an der Universität Marburg unter Leitung von Wolfgang Klafki in Zusammenarbeit mit Grundschullehrer/innen in verschiedenen Bezirken Hessens mit Mitteln der Stiftung Volkswagenwerk durchgeführt« wurde (Huschke/Mangelsdorf 1988, S. 9) und in der Folge einen nachweislich großen Einfluß auf die allmählich zunehmende Verbreitung des WPU in der Grundschulpraxis hatte, wird das Prädikat »offen« aus heutiger Wahrnehmung der Diskussion zumindest fragwürdig:

>»Wochenplan ist ein Konzept der Unterrichtsorganisation. Die Schüler erhalten zu Beginn eines bestimmten Zeitraumes (z.B. eine Woche) einen schriftlichen Plan, der Aufgaben verschiedenen Typs aus verschiedenen Inhaltsbereichen enthält; z.B. ›Lies im Lesebuch die Geschichte auf Seite 53 und beantworte die Fragen auf Arbeitsblatt Deutsch Nr. 2.‹
>In dafür vorgesehenen Unterrichtsstunden (z.B. eine Stunde täglich, aber auch mehr oder weniger) erarbeiten (!) die Schüler diesen Plan selbständig, allein oder in Gruppen bzw. nehmen Hilfe in Anspruch, soweit notwendig. Nach der Bearbeitung einzelner Aufgaben sollen diese selbst kontrolliert und auf dem Plan als erledigt eingetragen werden.«
>Wochenplan besteht gewissermaßen »in einer Zusammenfassung und Ausweitung der sonst über die Woche verstreuten Kurzphasen von Still-, Partner- und Gruppenarbeit. Die Schüler sollen lernen, einen umfangreicheren Auftrag in eigener Regie zu bearbeiten« (Huschke/Mangelsdorf 1988, S. 11).

Der zitierte Text könnte ohne weiteres auch als überwiegend lehrerzentriert gedeutet und daraufhin eher als Beschreibung eines »geschlossenen« Unterrichtskonzepts verstanden werden. Als Interpretationshilfen sollen in diesem Zusammenhang die »fünf Dimensionen der Offenheit« nach Wagner eingeführt werden:

>»Offenheit in der Organisationsform, z.B. Zeitorganisation, Arbeits- und Sozialformen;

Offenheit im inhaltlichen Bereich, z.B. fakultative Inhalte;
Offenheit im kognitiven Bereich, z.B. unterschiedliche kognitive
Ebenen, Fächerverbindungen;
Offenheit im sozio-emotionalen Bereich, z.b. Berücksichtigung so-
zialer und emotionaler Bedürfnisse;
Offenheit gegenüber der Welt außerhalb der Schule, z.b. Umwelt-
und Gemeinwesenbezug« (Wagner 1987, S. 16).

Zieht man sie zur Interpretation des oben zitierten Textes
heran, so ergibt sich eine Offenheit allenfalls hinsichtlich der
individuellen Zeiteinteilung und – mit Blick auf mögliche Hilfe – eine gewisse Öffnung hinsichtlich differenzierender päd-
agogisch-didaktischer Zuwendung, wobei über die Qualität
der Zuwendung keine Aussage möglich ist.

Charakteristisch für die oben referierte »Öffnung« des
Unterrichts ist, daß die Schüler zu einem verabredeten, z.T.
ritualisierten und regelmäßig wiederkehrenden Zeitpunkt
(Wochenanfang oder Wochenmitte) eine Zusammenstellung
von *verbindlichen Aufgaben* erhalten, die in einer verabredeten, z.T. ritualisierten (d.h. immer gleich langen) Zeitspanne
von allen (mit durch verschiedene Gründe bedingten indidvi-
duellen Abweichungen) bearbeitet und abgeschlossen werden soll.

Ist der Plan fächerübergreifend (besser: mehrere Fächer
einbeziehend), so stammen die Aufgaben (zumeist unterschiedliche Aufgaben-Typen) aus den entsprechenden Fächern. Ist der Plan hingegen fachbezogen (nicht seltene Variante, die eigentlich niemand favorisiert, die aber durch spezifischen Fachlehrer- und Fachlehrerinneneinsatz, durch
eigenständig und allein Wochenplan praktizierende Lehrerinnen und Lehrer, durch fehlenden Konsens über WPU im Kollegium u.a. bedingt ist), so enthält er nur verbindliche Aufgaben aus einem Fach (Weyerhäuser 1988, S. 26ff.).

Darüber hinaus enthalten manche Wochenpläne sogenannte wahlfreie, d.h. über die verbindlichen Aufgaben hinaus zusätzlich wählbare Aufgaben, die in der Regel für schnellere
Lerner gedacht sind.

Innerhalb der für WPU vereinbarten Zeitspanne, die zudem je nach Einschätzung und »Mut« von Lehrer/Lehrerin unterschiedlich lange sein kann, sollen die Schüler diese Pflichtaufgaben, die vor allem den Ansprüchen der Lehrpläne und Richtlinien genügen sollen, abschließend bearbeiten und ihre eigenen Ergebnisse – gewissermaßen distanziert – kontrollieren, zumindest vor-kontrollieren.

Die »Öffnung« des Unterrichts bezieht sich darauf, daß die Schüler entscheiden können, *wann sie was in welcher Reihenfolge* tun wollen, *wo* (bei entsprechend als Lernumgebung gestaltetem Klassenraum) und *mit wem* (bei entsprechend gestalteten Regelungen) sie arbeiten wollen und *ob bzw. welche Hilfen* je nach ihren Bedürfnissen *aufgrund der Aufgabenvorgaben* sie von ihren Mitschülern, vom Lehrer oder von der Lehrerin beanspruchen oder aus Nachschlagewerken, Lösungsheften, Kontroll-Blättern etc. holen wollen.

Typisch für diese Praxis des WPU ist, daß Lehrerin und Lehrer die enge Führung des Unterrichts etwas »öffnen«, das gleichschrittige Vorrücken in der gleichen Zeiteinheit sowie die frontale Instruktion *teilweise aufgeben oder lockern.*

Einwände und Befürchtungen

Obwohl diese relativ geringfügige Übertragung von Verantwortlichkeit für Lernprozesse auf die Subjekte des Lernens gelegentlich als »geschlossener Wochenplan« (Mangelsdorf/Claussen 1989, S. 34f.) bezeichnet wird, der sich nicht weit aus den üblichen Spuren herauswagt (Meyer 1988, S. 182ff.), löst sie bei vielen Lehrerinnen und Lehrern der Grundschule Befürchtungen aus, die kurz etwa folgendermaßen skizziert werden können (diese Aussagen beziehen sich auf unveröffentlichte Notizen bzw. Gesprächsniederschriften, die im Laufe von mehreren Lehrgängen im Zeitraum von 1986 bis 1990 zum Thema »Wochenplan« im Hessischen Institut für Lehrerfortbildung vom Verfasser aufgezeichnet wurden, sie geben zwar ein Meinungsspektrum aus zufällig zusammengesetzten Gruppen von Lehrerinnen und Lehrern aus dem Grundschulbereich wieder, erscheinen aber andererseits – vor allem auch vor dem Hintergrund der insgesamt herangezogenen Literatur zur Praxis des WPU – angenähert repräsentativ hinsichtlich der Spannweite wie der hauptsächlichen Schwerpunkte der Diskussion):

Sie fürchten, den »Überblick« zu verlieren (»ich weiß dann nicht jederzeit, welches Kind gerade was lernt.«»Ich muß viel mehr arbeiten, um den Überblick über die Lernergebnisse und über die individuelle Lernentwicklung zu behalten.«), nicht alles kontrollieren zu können, was »zwischen den Kindern passiert«, die Kontrolle nicht »zu behalten«, sich aufgrund nicht kontrollierter Lernergebnisse nicht stets und ständig »legitimieren« zu können, nicht alles »ständig verantworten« zu können, die Klasse »aus dem Griff« zu verlieren, die Kinder einerseits »zu selbständig«, andererseits »zu hilf- und haltlos« werden zu lassen (»Ich kann dann nicht sofort erkennen, wann und wie ich helfen muß.«), kurz, ungeregelte bzw. nicht genügend geregelte Zustände, die sich ihrer Einflußnahme mehr und mehr entziehen, die ihnen »wegrutschen«.

Das Motiv »Chaos im Klassenzimmer« taucht demgemäß nicht nur in den Lehrerzimmern, den Fortbildungsveranstaltungen, sondern auch in der öffentlichen erziehungswissenschaftlichen und auch in der bildungspolitischen Diskussion auf:

»Es gibt besorgte Eltern und auch Pädagogen, die das Chaos im Klassenzimmer ausbrechen sehen, sollten – wie in den neuen nordrhein-westfälischen Richtlinien empfohlen – ›offenere‹ Unterrichtsformen in der Grundschule um sich greifen: differenzierender Wochenplan, freie Arbeit, entdeckendes und spielendes Lernen usw. Entgleitet hier nicht der Unterricht der Hand – und *damit der Verantwortung der Lehrerin/des Lehrers?* Wie können die Kinder später den Anforderungen der weiterführenden Schule und des Berufslebens gerecht werden, wenn sie in der Grundschule nur tun, was sie wollen?« (Haarmann 1987, S. 50ff.)

Es liegt durchaus auf der gleichen Ebene, wenn im Zusammenhang mit einer auch nur geringfügigen »Öffnung des Unterrichts«, d.h. bei einer Abweichung vom überwiegend üblichen (siehe dazu Meyer 1988), relativ unvermittelt und pauschal die Gefahr einer Verabsolutierung dieser Konzepte, der bleibende Wert tradierter Unterrichtsformen betont und ihre Beibehaltung angesichts der unerprobten »neuen« Unterrichtsformen angemahnt, mindestens aber ein sorgfältiges Abwägen von Vor- und Nachteilen und gewissermaßen eine »nüchterne« Integration aller Lernformen im Sinne vielfältig gemischer Unterrichtsarrangements gefordert werden.

Im Gegensatz dazu stehen Äußerungen von Lehrerinnen und Lehrern aus dem Grundschulbereich, die insbesondere die *Zusammenstellung von verbindlichen Aufgaben im WPU* kritisch sehen und nach ihren eigenen Erfahrungen und auch und insbesondere mit Hinweisen auf die Reaktionen ihrer Schüler nach einer gewissen Zeitdauer des auf Wochenplan des gekennzeichneten Typs umgestellten Unterrichts diesen ablehnen bzw. den Abbruch ihres WPU mit entsprechend negativen Erfahrungen begründen.

Die Gründe für ihre Ablehnung des WPU beziehen sich einerseits auf die Quantität der zusammengestellten Aufgabe, zum anderen auf die allgemeinen Arbeitsbedingungen in der Grundschule.

Hinsichtlich der Quantität von verbindlichen Aufgaben ergab sich anläßlich einer Tagung in der Evangelischen Akademie Hofgeismar (die Tagung hatte den Titel »Reformpädgogische Schulprojekte – Veränderte Bedingungen des Aufwachsens – Antworten in dieser Schulpraxis« und fand vom 2. bis 4. März 1990 statt) und anläßlich einer Präsentation einer Lehrerin die kuriose Situation, daß etwa die Hälfte einer Arbeitsgruppe ein und denselben Wochenplan als viel zu umfangreich und überfordernd, die andere als viel zuwenig leistungsorientiert für Kinder dieser Altersstufe einschätzte, obwohl sie alle über hinreichende Informationen für das Lern- und Arbeitsverhalten der betreffenden Lerngruppe verfügen konnten.

Mit Blick auf die Arbeitsbedingungen wurde vor allem auf die zu geringe Zeit für WPU (im Verhältnis zu anderen Notwendigkeiten) und auf die je subjektiven Folgeprobleme hingewiesen: mehr Arbeitsaufwand, zuviel Materialaufwand, zeitliche Belastung der eigenen Freizeit, zu hohe Klassenfrequenzen, Schwierigkeiten mit bzw. Scheitern von Kooperation und Absprachen im Kollegium etc.

Andererseits wurde aber auch Kritik aus mehr inhaltlichen Positionen heraus entwickelt, etwa die, daß WPU in dieser Form keine Gewähr dagegen biete, daß im Unterricht »alter Wein in – scheinbar – neuen Schläuchen« (Kohls 1988, S. 56ff.) angeboten bzw. die »alten Sachen« lediglich mittels noch trickreicherer und raffinierterer Methoden und noch subtilerer Verfahren an die Schüler herangebracht würden.

Insbesondere dort, wo WPU relativ umfangreich auf die jeweils eingeführten Schülerbücher und deren angenähert komplette Durcharbeitung bezogen würde, käme ihm allenfalls der Rang eines wochenweise abzuarbeitenden »Stoffverteilungsplanes«, natürlich im übertragenen Sinne, zu.

Unklarheiten: Wochenplan und Freie Arbeit

Kasper trifft im Zusammenhang mit der Thematik »Offener Unterricht in der Diskussion« eine Feststellung, die hier herangezogen wird, um auf einen weiteren Schwerpunkt hinzuweisen:

>»Als allgemeiner Befund von Analysen, die Ergebnisse einer großen Zahl von Untersuchungen zusammenfassen (Metaanalysen), kann angesehen werden, daß Reformansätze längerfristig nicht durchgehalten werden können, wenn sie mit unscharfen Konzeptbezeichnungen arbeiten, d.h. unterschiedliche oder sogar konträre Definitionen von entscheidenden Variablen zulassen« (1988, S. 63).

Diese »Unschärfe« ist insbesondere in der Diskussion um den WPU deutlich feststellbar und auffällig, und zwar hinsichtlich der verwendeten Termini. Seit der Entwicklung und Erprobung des auch die heutige Diskussion weithin beeinflussenden und prägenden Konzepts »Wochenplanunterricht« im Rahmen des »Forschungsprojektes Innovationsforschung am Beispiel der Grundschule«, d.h. seit 1971/72 (Huschke 1976, S. 67; Huschke 1980; Huschke/Mangelsdorf 1988, S. 19; sowie Huschke 1982, S. 200ff.) werden von den Autoren und Autorinnen als »Varianten« des WPU-Konzepts sogenannte »Zusatzaufgaben«, »freie Tätigkeiten« und »Angebote« genannt.

Diese Zusatzaufgaben nehmen jene Erfahrung aus den im »normalen« Unterricht üblichen Einzelarbeitsphasen (jedes Kind arbeitet für sich an den gestellten Aufgaben) auf, die Marxen so beschreibt:

>»Jede Stillarbeit in dieser Klasse führte nach wenigen Minuten zu dem Ruf: ›Ich bin schon fertig! Was kann ich tun?‹ Andere Kinder fühlten sich bei derselben Aufgabenstellung (gemeint ist die Menge!; d.Verf.) überfordert. Ich habe daher von Anfang an Zusatzaufgaben, die späteren Wahlaufgaben, gestellt. Der Vorteil des WPs nun ist, daß den Kindern die Reihenfolge der zu bearbeitenden Aufgaben freigestellt ist. Verschiedene Aktivitäten der Kinder laufen gleichzeitig nebenher. So können Frustrationserlebnisse schwächerer Schüler (Die anderen sind schon fertig!) gar nicht erst aufkommen« (Marxen 1987, S. 50ff.).

Diese zusätzlichen Aufgaben, die nach Erledigung der »Pflicht« zugewählt oder auch nicht zugewählt werden können, leiten nur auf das Problem hin, das sich aus den »freien Tätigkeiten« oder auch »Angeboten« ergeben hat:

>»Die WP-Arbeit kann vorsehen, daß Kinder, die mit ihrem Plan fertig sind, einer selbstgewählten Tätigkeit nachgehen können, z.B. ein Buch aus der Klassenbibliothek lesen. Obwohl nicht in allen Beispielplänen vorgesehen, halten wir es für sinnvoll, wenn die Kinder ihre ›freien Tätigkeiten‹ selbst planen, d.h. ihre Vorhaben in ein entsprechendes freies Feld oder auf der Rückseite ihres Planes eintragen. Zumindest sollten sie auf diese Weise berichten, was sie sonst noch getan haben« (Huschke 1982, S. 210).

Das bedeutet, die Schüler können sich »je nach Motivation, *verfügbarer Zeit* (Hervorhebung: d.Verf.) und räumlich-materieller Ausstattung Tätigkeiten widmen« (Mangelsdorf 1978, S.107).

Diese »freien Tätigkeiten«, die zudem als »erster Schritt zur Beteiligung der Kinder an der inhaltlichen Unterrichtsgestaltung« bezeichnet werden, haben offensichtlich in der Folge zu einer Verwischung der Begrifflichkeit für WPU einerseits und für die im schulreformerischen Kontext praktizierte »Freie Arbeit« (synonym gebraucht: Freies Arbeiten, Frei-Arbeit, Freies Lernen) andererseits geführt, d.h. jene obengenannte »Unschärfe« erzeugt, so daß gegenwärtig vielfach WPU und Freie Arbeit, die ohnehin schwierig definitorisch zu fassen ist, als weitgehend miteinander identisch bzw. hinsichtlich ihrer Merkmale als überwiegend oder gänzlich deckungsgleich angesehen werden.

Begriffliche Unschärfe im Schulalltag scheint darüber hinaus auch dadurch befördert worden zu sein, daß Freie Arbeit vielfach als »Vorstufe«, als »ein erster Schritt in Richtung Wochenplanunterricht« beschrieben wird (Marxen 1987, S. 51f.) oder als »etappenweise Hinführung« (Wetenkamp 1986, S. 9) zunächst keine verbindlichen Aufgaben vorschreibt (auch nicht ansatzweise), sondern völlige Wahlfreiheit (allerdings verpflichtend) im Rahmen der im Klassenzimmer verfügbaren Wahlmöglichkeiten gewährt, gleichwohl aber die sich daraus entwickelnde »selbständige Arbeitshaltung« als »Voraussetzung« für den später folgenden WPU (nach dem ersten Halbjahr in der Schule oder erst im 2. Schuljahr) intendiert und überdies Zeit gewinnen will für den Erwerb der notwendigen Lesefähigkeit als Voraussetzung dafür, schriftliche Arbeitsanweisungen zum Übergang »über den Tagesplan zum Wochenplan« nutzen zu können (Marxen 1987, S. 52).

»Für die Arbeit nach Tages- bzw. Wochenplan ist es natürlich erforderlich, daß von den Kindern bestimmte Umgangs- und Arbeitsformen erlernt werden müssen, um ein unterrichtliches Chaos zu vermeiden« (Wetenkamp 1986, S. 9).

Demgegenüber gibt es auch unterrichtliche Strategien, die allerdings komplizierter darzustellen sind, in denen nicht »Freie Arbeit« als zwingend gebotene, notwendige und zeitaufwendige Vorstufe zu WPU praktiziert wird, sondern bereits bei der Einführung (z.B. in der ersten Schulwoche des 1. Schuljahres) das *verbindliche Element* relativ frühzeitig mit Blick auf WPU markiert und – für die Schulanfänger deutlich wahrnehmbar – von wahlfreien Angeboten abgegrenzt wird (Mangelsdorf/Claussen 1989, S. 6ff. sowie Ruhland 1987, S. 44f.).

Eine definitorische Präzisierung der Merkmale von Freier Arbeit einerseits und WPU andererseits erlaubt dann auch die Auflösung der eingangs erwähnten verwirrenden und die »Unschärfe« auslösenden Faktoren – und zwar Auflösung in Richtung auf eine zukunftsweisende und zugleich systematische Einordnung beider Unterrichtsarrangements, auch und insbesondere hinsichtlich ihrer Verschränkung auf der Praxisebene. Meier und Mayer-Behrens skizzieren die Lösung vor:

>»Auch wenn die Zeiten und Stunden der Freien Arbeit in diesem Wochenplan (sie beziehen sich dabei auf einen Tagesplan aus dem 1. Schuljahr; d.Verf.) erscheinen, ist der grundsätzliche Unterschied zwischen Wochenplan und Freier Arbeit von pädagogischer Bedeutung:
>Der Wochenplan weist das Pensum aus, das jeder Schüler als sein Pflichtpensum zu bearbeiten hat. Der Schüler kann wählen, wann er welche Aufgaben in der ausgewiesenen Zeit dieser Woche bearbeitet. Die Aufgaben sind ihm aber mit allen anderen Kindern *oder auch individuell* vorgegeben.
>In der Freien Arbeit hat der Schüler das Recht, sich Aufgaben zu wählen. Dies kann sich auf einen festen Bestand an Angeboten und Aufgaben beziehen (erste Tendenz). Die Wahl kann auch die selbständige Auswahl von Gegenständen und Verfahren einschließen (zweite Tendenz). Ist man sich dieser *Unterschiede zwischen Wochenplan und Freier Arbeit bewußt*, können ihre pädagogischen Wirkungen auch bewußter geplant und eingesetzt werden« (Meier/Mayer-Behrens 1988, S. 24).

Erziehungsziel: Selbständigkeit

Was können Grundschulkinder über Mathematik, Rechtschreibung, Sachunterricht etc. hinaus im WPU lernen? Zunächst einige stichwortartige Hinweise:

- *Selbständigkeit/Autonomie*,
- Entscheidungsfähigkeit,
- Soziale Tugenden, soziale Fähigkeiten,
- Initiative/Aktivität,
- leistungsrelevantes Arbeitsverhalten/Verfügung über methodisches Wissen/Ausdauer, Beharrlichkeit,
- Selbsteinschätzung,
- Planungsfähigkeit/Verfügung über Zeit,
- Handlungsfähigkeit,
- Verantwortlichkeit,
- Selbstvertrauen.

Diese Zusammenstellung könnte zwar als eine der – im Kontext von schulreformerischen Absichten – üblichen »Inflation(en) von Zielformulierungen« (Huschke 1976, S. 8) erscheinen, erweist sich aber letztlich als Ausdifferenzierung des Stichwortes »Selbständigkeit/Autonomie«, d.h. jenes allgemeinen Zieles, das fast durchgängig im Kontext zu WPU und anderer im Zusammenhang mit ihm stehenden schulreformerischen Ansätze genannt wird:

»*Selbständigkeit* nun ist das ›erkannte Ziel‹ *grundlegender und allgemeiner Bildung von Anfang an*. Und wie anders kann ein Kind zur Selbständigkeit gelangen als durch deren Einübung in Selbsttätigkeit« (Haarmann 1987, S. 50).
»Ich habe vor ein paar Tagen eine Gruppe von Schülern einer 4. Grundschulklasse, die nach drei Jahren relativ eng und rigide geführten Frontalunterrichts jetzt durch ihre neue Klassenlehrerin mit dem Wochenplan – einem *Instrument selbständigen Lernens* (Hervorhebung: d. Verf.) – vertraut gemacht worden war, gefragt, was sie von der Wochenplanarbeit hielten. ›Der ist gut‹, antwortete einer spontan, ›da lernt man wenigstens mal was‹« (Scheffer 1989).

23

In der frühesten Veröffentlichung (1976) zum WPU aus dem »Marburger Grundschulprojekt« wurde im Titel als Anspruch formuliert:»Konzept einer Unterrichtsorganisation, die Schülern *selbständiges Lernen und Mitgestaltung des Unterrichts* ermöglichen soll (Hervorhebung: d.Verf.)« (Huschke 1976, S. 1). Ein Anspruch, der später genauer ausgeführt wird:

> »Beim einfachen (!) Wochenplan haben die Kinder mehr Möglichkeiten, *sich ihre Arbeit einzuteilen* als sonst; langfristig sollten die Kinder angeregt und in die Lage versetzt werden, sich auch weitergehend an der Gestaltung des Unterrichts, auch der Inhalte, zu beteiligen« (Huschke 1976, S. 5).

Diese bereits zitierte Tätigkeit,»einen umfangreicheren Auftrag in eigener Regie zu bearbeiten«, bezogen auf einen »einfachen Wochenplan«, kennzeichnet Huschke als »selbständige« Bearbeitung von Aufgaben, die abschließend »selbstkontrolliert« werden.

Im Diskussionszusammenhang muß darauf hingewiesen werden, daß dieser sogenannte »einfache Wochenplan« eigentlich eher eine Zusammenstellung von Arbeitsanweisungen durch Lehrer oder Lehrerin darstellt (siehe dazu Beispiel – Wochenpläne aus der zitierten Veröffentlichung auf den Seiten 10, 51, 60 und ab S. 83 einschließlich der Verweise auf die zugehörigen Arbeitsblätter, ab S. 65), die sich als einfacher oder komplizierter charakterisieren lassen, wenn man etwa die Qualität oder auch Quantität von Anweisungstexten oder aber die Zahl der Denk- bzw. Handlungsschritte der Aufgaben als Kriterium wählt.

Die Auswahl der Aufgaben bzw. der Arbeitsanweisungen geschieht durch Lehrerin oder Lehrer, d.h. nach ihrer oder seiner Einschätzung des Lernstandes, der Lernentwicklung der Schüler, ihres Text- und/oder Aufgabenverständnisses und der gemeinsamen, gruppenspezifischen oder individuellen Übungserfordernisse.

Deshalb finden sich in den Veröffentlichungen zum WPU folgerichtig umfangreiche Hinweise zu »Inhalt der WP-Aufgaben – Welche Aufgaben sind geeignet?« oder zur »Vorbereitenden Einführung von Teilelementen des WP« (Huschke 1976, S. 13, 45). Folgerichtig wählen Schulpraktiker/-innen gerne den Weg über das Lesen von und Handeln nach Arbeitsanweisungen zum WPU (vgl. Marxen 1987). Unterrichtliches Ziel kann aber nur in einer Zunahme an Selbständigkeit, in einer Erziehung zur Selbständigkeit bestehen. Diese Selbständigkeitszunahme müßte mindestens auf drei unterrichtlichen Ebenen – im Zusammenhang mit WPU – wahrnehmbar werden:

– Zum einen könnte durch Eigen- oder teilnehmende Fremdbeobachtung erschlossen werden, ob und auf welche Weise die Schüler selbständiger handeln und sich zunehmend vom anweisungsgesteuerten WPU lösen können, indem sie sich alleine oder mit anderen zusammen Ziele setzen, einen Plan entwerfen, die Mittel zum Handeln auswählen, Schritte gehen und Wege zum Ziel einschlagen, ein Ergebnis erreichen, dieses beurteilen und einordnen etc.
– Zum anderen können Initiative, Vorschläge, Lenkung und Anweisung, Hilfen – auch differenzierende Hilfen – der Lehrer/-innen im gegenläufigen Sinne reduziert werden, was ebenfalls durch Eigen- oder teilnehmende Fremdbeobachtung erschließbar wäre.
– Zum dritten müßte sich dies vor allem in Veränderungen von Wochenplänen hinsichtlich ihrer Funktion (eher selbstgesetzte Handlungsziele und eigene »Vorsätze« als Anweisungen) und ihrer Details niederschlagen. Anweisungen könnten beispielsweise zunehmend offener, mit mehr Alternativen und Angeboten versehen, selbst gestaltet und eher lernprozeßbegleitend sein; dies wäre an entsprechenden Belegen und deren Interpretation sichtbar zu machen.

Traditionsbezüge

Es ist üblich, in der gegenwärtigen reformpädagogisch orientierten Diskussion, d.h. auch im Zusammenhang mit WPU, Bezüge zu einzelnen Pädagogen/Erziehungswissenschaftlern zu nennen, die einen – wie immer auch gearteten – Zusammenhang mit ihrer tatsächlichen und/oder vermuteten Wirkung auf die seinerzeitige und auch auf die gegenwärtige »Reformepoche« andeuten sollen.

Sennlaub wählt in seinem weitverbreiteten »Lesebuch für Grundschullehrer« mit dem Titel »Mit Feuereifer dabei« (Sennlaub 1983) eine Art von »Aperçu-Methode«, d.h., er erzeugt im Zusammenhang mit erlebnishaft geschriebenen Praxistexten dadurch Spannung beim Leser, daß er Zitate von Schulreformern der 20er Jahre oder historisch bedeutsamer Pädagogen und/oder Schriftsteller quasi wie »geistige Einfälle« (Duden) einfügt. Da tauchen dann Namen wie Maria Montessori, Celestin Freinet, Hugo Gaudig, Johann Friedrich Herbart, Peter Petersen, Franz Kade, Fritz Jöde, Lotte Müller, Georg Kerschensteiner, Wilhelm Lamszus auf, um nur einige zu nennen, die dem Verfasser selbst aus seiner schon länger zurückliegenden Ausbildungszeit (1959 bis 1962 1. Ausbildungsphase, 1962 bis 1965 2. Ausbildungsphase) bekannt sind und sich bei ihm mit definierbaren Schwerpunkten der Schulreform verbinden.

Damit hält Sennlaub der Schulpraxis in einer nicht selten relativ unhistorisch und deshalb oft un-gebundenen schulpädagogischen Diskussion zwar effektvoll einen »Spiegel« vor; ein Aufnehmen von »Traditionslinien« ist auf diese Weise weder möglich noch auch nur angestoßen.

An anderer Stelle wird deutlich, daß erhebliche Vorbehalte bei der Vermutung zu entwickeln sind, es habe systematische Weiterführungen von »Traditionslinien« gegeben.

»Während meines Studiums begegneten mir die Begriffe ›Wochenarbeitsplan‹ und ›freie Arbeit‹ bei der Lektüre der Schriften von

Peter Petersen. *Ich glaube,* mich daran zu erinnern, daß ich das betreffende Seminar recht interessant fand, den kleinen Jena-Plan jedoch lediglich historisch betrachtete und die Begriffe ebenso schnell vergaß wie z.b. ›Vorhaben‹ bei Reichwein oder ›Selbsttätigkeit in der Mutterstubenschule‹ bei Pestalozzi« (Pollert 1983, S. 31).

Und der gleiche Autor weiter unten:

»Literaturstudium führte mich zu Büchern über Innere Differenzierung, meist mit wenig konkreten Hilfen, und zu dem Buch ›Offener Unterricht‹ von Barbara Scheel ... Hier fand ich endlich die entscheidenden Anregungen für meine Wochenplanarbeit« (Pollert 1983, S. 33).

Diese eher unsystematischen Bezüge finden sich z.b. auch in dem bereits mehrfach zitierten Buch von Huschke und Mangelsdorf (1988), das – wie oben schon nachgewiesen – die in einer Folge dritte Herausgabe einer jeweils wenig veränderten Veröffentlichung aus dem »Marburger Grundschulprojekt« ist. Während in der ältesten Fassung keinerlei Hinweise auf die Aufnahme von Traditionslinien zu finden sind, enthält die Buchfassung dann folgende Passage:

»Die Begriffe ›Selbsttätigkeit‹, ›Selbststeuerung‹, ›entdeckendes Lernen‹, ›Projektmethode‹, ›innere Differenzierung‹, ›Offener Unterricht‹ sind nicht erst in den letzten Jahren in der Schulpädagogik aufgetaucht. Spätestens mit der sog. Reformpädagogik der 20er Jahre unseres Jahrhunderts wurden sie Gegenstand theoretischer Erörterungen und praktischer Reformversuche. U.a. hat Peter Petersen mit seinem Jena-Plan jene Leitideen in seiner Jenaer Universitäts-Versuchsschule praktisch umgesetzt.
Dabei wurden z.T. Methoden ähnlich denen des hier beschriebenen WP eingesetzt. Verwandte Entwicklungen hat es in den USA z.b. bei Helen Parkhurst mit ihren Dalton-Plan-Schulen gegeben. In Italien hat Maria Montessori zuerst in den Kindergärten und dann auch in den Schulen durch entsprechende Materialausstattung der Klassenzimmer selbsttätiges Lernen von Kindern anzuregen gewußt. Nach 1945 kamen reformpädagogische Impulse speziell im Grundschulbereich vor allem aus England, etwa durch das Konzept des ›Open Classroom‹. In Frankreich entwickelte sich unter der Führung von Freinet eine Assoziation von Lehrern, die gemeinsam versuchten,

Schule im Sinne der o.g. Ideen zu gestalten: Durch Individualisierung des Lehrens und Lernens und durch die Projektmethode lösen sie sich weitgehend vom Modell des frontalen Klassenunterrichts. Schließlich begannen Ende der 60er Jahre in der Bundesrepublik erneut Initiativen zur Schulreform ...« (Huschke/Mangelsdorf 1988, S. 10).

Dieser Beleg erscheint relativ symptomatisch (deshalb wurde er auch fast ungekürzt zitiert; d.v.) für die Unverbindlichkeit von Hinweisen auf die zurückliegenden Reformversuche, auf die weder systematische noch treffende Zitierweise, die – wie im vorliegenden Falle – wohl eher als eine »Verbrämung«, einer Verzierung »am Rande« der eigenen Texte verstanden werden kann. Gleichwohl gibt er Hinweise, denen – da sie sich mit anderen Hinweisen treffen – im Hinblick auf die realen Bezüge zum WPU nachgegangen werden soll.

Scheel, deren Buch »Offener Grundschulunterricht« vielfach im Zusammenhang mit WPU zitiert wird (Scheel 1977), beginnt ihr Vorwort wie folgt:

»Als ich 1948 selbst in die Schule kam, unterernährt und neugierig, wenig belastbar und übersensibel, erschreckte mich das, was dort von mir gefordert wurde: Unterordnung, Disziplin, Wartenkönnen, Gehorsam und peinlichste Sauberkeit ... Sie suchten und fanden meine Schwächen, stellten sie bloß und benutzten die daraus resultierende Unsicherheit, um mir deutlich zu machen, daß ich nichts bin und nur durch ihre Hilfe noch etwas werden könne. Fehler mußten ›ausgemerzt‹, eigenständige Gedanken ausgerichtet, Fertigkeiten gedrillt und Individualität ausgeschaltet werden. Lernstörungen traten auf, Stottern, Rotwerden, Zittern, und schließlich sagte die Lehrerin, als es auch nach noch mehr Strenge nicht mit mir klappte: ›Ich glaube, sie schafft die Höhere Schule doch nicht.‹ ... Ich ging von der Schule, behielt meine Ängste vor Vorgesetzten, mein Stottern in ›wichtigen‹ Situationen, mein Versagen in Prüfungen, aber auch meine Neugier. Und letztlich ist es allein ihr zuzuschreiben, daß ich jetzt versuche, diese Arbeit zu Papier zu bringen ... Insofern ist diese Arbeit keine primär an wissenschaftlichen Thesen orientierte Kritik des herkömmlichen Grundschulunterrichts, sondern das vorgelegte Konzept ist als konstruktive Kritik am üblichen Grundschulunterricht formuliert.«

Ein ähnlich motivierter Ansatz wird in dem folgenden Beispiel erkennbar:

»Ich habe meinen Mathematikunterricht seit langem total umgestellt, weg vom Frontalunterricht, da ich aus meiner eigenen Erinnerung weiß, wie schlimm das ist, wenn man vor der Klasse aufgerufen wird und im Augenblick die Antwort nicht parat hat, wenn man vor allen anderen an der Tafel stehen muß und weiß, alles guckt und jetzt stockt's und man steht völlig verzweifelt da. Die Angst, die sich da entwickelt, kann dauerhaft für das ganze Fach blockieren. Und Angst der Mädchen vor Mathematik ist eine ernsthafte Behinderung, da sie letztendlich Frauen aus den naturwissenschaftlichen Teilen nicht nur des Berufslebens ausschließt.

Ich organisiere den Unterricht so, daß die Schülerinnen und Schüler weitgehend selbständig arbeiten … Wenn die Kinder in die Klasse kommen, finden sie auf einem Plakat Vorschläge für die Unterrichtsstunde vor. Das sind in der Regel 5 oder 6 Angebote, davon sind die von mir unterstrichenen Aufgaben verbindlich, die anderen können zusätzlich frei gewählt werden (darüberhinaus gibt es ein Wochenarbeitsblatt mit vielen verschiedenen Aufgaben, das im Lauf der Woche in freier Zeiteinteilung bearbeitet werden soll)« (Weyerhäuser 1988).

Zu genaueren schulpädagogischen Einordnung der unterschiedlichen, insbesondere der vermuteten erzieherischen Aspekte des WPU erscheint es nunmehr notwendig, die allgemeinen Zielsetzungen für den Unterricht in der Grundschule zu diskutieren und zunächst die angedeuteten Traditionslinien zu verfolgen.

3. Allgemeine Zielsetzungen für den Unterricht in der Grundschule

Die Schulpädagogik fragt systematisch danach, was das, was in der Grundschule geschieht, für die Kinder bedeutet.

Mit dem Versuch der Einordnung des WPU gerät man an eine fachübergreifende Fragestellung, die grundsätzlich über die Fragen hinausführt, die aus den einzelnen Fachdidaktiken und Fachwissenschaften heraus gestellt werden.

Aus der einleitenden Problemskizze ist ersichtlich, daß die heutigen Träger und Trägerinnen schulreformerischer Bewegungen und Akzentsetzungen vielfach auf die Schulreformbewegung der 20er Jahre dieses Jahrhunderts und ihre unmittelbaren und mittelbaren Vorläufer zurückgreifen, wenn sie ihre eigenen Reformbemühungen begründen bzw. legitimieren wollen.

Daher erscheint es notwendig, aus schulpädagogischer Sicht den wesentlichen Kern der Schulreformbewegung der 20er Jahre herauszuarbeiten.

3.1 Rückverweis auf die Schulreformbewegung der 20er Jahre

Alle Schulreformer dieser Zeitepoche hatten den gleichen Gegner und bezogen sich – angenähert – auf das gleiche Fundament.

Ihr Gegner war die »alte Schule«. Sie basierten »auf einer Entdeckung einerseits der kindlichen Natur und andererseits des Prinzips der Eigentätigkeit im Lernprozeß«, wie dies Flitner kennzeichnet (1957).

Die Reformbewegungen richteten sich gegen die Lern- und Buchschule. Die Bedeutung der eigenen Erfahrung und der eigenen Arbeit der Heranwachsenden sollte ein für den Unterricht ausschlaggebendes Gewicht erhalten, Lehrerinnen und Lehrer sollten sich von den Fragen der Kinder leiten lassen, ihren Unterricht vom Interesse und von der Lebenswelt der Kinder her gestalten. Man hatte erkannt, daß Kinder in ihren eigenen Welten leben.

Die seinerzeit stark betonte Sichtweise »vom Kinde aus« (heute würde man sicherlich »von den Kindern aus« formulieren!) gilt heute als einseitig und überholt, eben epochaltypisch. Die Pädagogik der Gegenwart hat insofern ein neues Fundament gewonnen, als sie zwar von der Erkenntnis ausgeht, daß die Kinder in Eigenwelten leben, von sich aus jedoch danach streben, sich an den Inhalten und den Maßstäben der Erwachsenenwelt zu orientieren, d.h. von sich aus »groß« werden wollen. Die Grundschule wäre damit folgerichtig *nicht nur für die Gegenwart der Kindern, sondern auch für ihre Zukunft mitverantwortlich.* Dagegen spricht nicht, daß in der gegenwärtigen Reformbewegung in der Grundschule die Gegenwart der Kinder durchaus wieder stärker betont wird.

Wie muß also die Grundschule ansetzen, damit sie mit ihrer Reform nicht nur eine Antwort gegen die – jeweils! – »alte Schule« gibt, sondern eine schulische Antwort in einer veränderten Welt? Die zu Anfang dieser Arbeit aufgeführten Analysen vom »Wandel der Kindheit« verweisen auf die Fragen; das »Frankfurter Grundschulmanifest von 1989« verweist in diesem Zusammenhang auf die noch unzureichenden Antworten.

Kinder werden heute – wie damals auch – in die Schule geschickt, damit sie richtig erwachsen werden. Ihre Familien bzw. die an Zahl zunehmenden alleinerziehenden Mütter und Väter sind grundsätzlich nicht in der Lage, die zum Erwachsenwerden notwendigen Hilfen zu leisten; sie bedürfen – wie die Kinder – der Schule als familienergänzender Institution. Dies geschieht nicht nur, weil sich die Familien und die Bedingungen für das Erwachsenwerden stark verändert haben, sondern weil das Erwachsenwerden in unserer Welt prinzipiell besonderer Unterstützung und Hilfe bedarf, die nur in einer eigens dafür eingerichteten Institution geleistet werden kann. Das Leben der Erwachsenen ist differenziert, kompliziert und widersprüchlich; die Kinder können in ihren Familien nicht lernen, was sie zum Leben brauchen. Deshalb kann die Schule – auch nicht die Grundschule – nicht einfach familienähnliche Formen übernehmen. Ihre Arbeit vollzieht sich unter Umständen, die für das künftige Leben wichtig sind und sich in den Elternhäusern nicht verwirklichen lassen. Schule kann die Erziehung im Elternhaus auch nicht ersetzen; Schule muß ein unverwechselbarer Ort im Leben jedes Kindes sein.

Langeveld (1960) charakterisiert unter diesem Blickwinkel »Schule als *Weg* des Kindes«, als Institution, deren sämtliche Alltagsmerkmale bis hin zur kleinsten und banalsten Eigenart spezifische Bedeutung für die Menschwerdung in unserer Welt haben.

3.2 Der pädagogische Auftrag an die Grundschule: Grundlegende Bildung

Das besondere Spezifikum und unverwechselbare Merkmal des pädagogischen Auftrages an die Grundschule – darin stimmen erziehungswissenschaftliche Veröffentlichungen, aber auch allgemeine Richtlinien zur Grundschule wie spezifische Lehrpläne überein – ist *Grundlegung der Bildung*.

Diese Aufgabe gilt seit 1921 bis heute unverändert und wurde seinerzeit, d.h. bei Gründung der Grundschule, gegenüber der »weiterführenden Bildung« abgegrenzt (Nave 1961, S. 57ff.).

Seit dieser Zeit ist – in jüngster Zeit wieder stärker – die Diskussion zu dieser zentralen Aufgabe für die Grundschule geführt worden, und zwar im Sinne eines »Anfangs der Allgemeinbildung«, »solide und tragfähig, aber doch nicht nur etwas

Passives, Statisches, sondern aktiv Erworbenes, lebendig Weiterwirkendes«.

Sie »ist Voraussetzung für alles Weitere und Spätere, aber sie sollte Eigenwert haben, die auf sie verwendete Lebenszeit sollte ihren Sinn in sich tragen« (Glöckel 1994, S. 328ff.). Für die Grundschule bedeutet das: Sie soll durch Unterricht und Erziehung – besser: durch erziehenden Unterricht – bei den Kindern Bildung grundlegen. Bildung kann definiert werden als »Modus des menschlichen In-der-Welt-Seins, bestimmt durch Personalität – soziale Verantwortung – Bewußtseinserhellung« (Lichtenstein 1971, Sp. 937). Von daher lassen sich konkrete Aufgaben und Zielsetzungen etwa wie folgt umreißen:

»Für den Erzieher und Lehrer bedeutet dies, daß er, was auch immer seine Aufgabe sonst noch ist ... sein Tun im Blick auf alle seine Schüler immer auch auf die werdende Person in ihnen, auf ihre Bildung als ihrem je eigenen Gang der Befreiung zur Selbstverwirklichung und ihre zukünftige Mündigkeit hin auslegen und durchbilden soll« (Groothoff 1972, S. 63).

Erkennbar wird darin, daß »Selbstverwirklichung« und »Mündigkeit« als Leitbilder eines demokratischen Schulwesens im Spannungsbogen zwischen Freiheit und Verantwortung gelten, d.h., daß letztlich zum Bewußtsein von der eigenen Freiheit die Verantwortlichkeit für selbständiges eigenes Entscheiden und eigenes Handeln gehören muß. Unterricht und Erziehung sollen – so lautet der pauschale Auftrag – zum verantwortlichen Umgang mit individueller Freiheit führen. In der Grundschule und durch sie beginnt der lange Prozeß von Erziehung und Selbsterziehung – schon der Beginn des Weges muß perspektivisch am Ziel orientiert sein. Schon beim Anfang der schulischen Erziehung, die bekanntlich nicht voraussetzungslos ansetzt, muß ein entsprechend angelegter Bedingungszusammenhang unter pädagogischen Kriterien für jedes einzelne Kind konkret erfahrbar sein.

Zu dieser Grundlegung gehört u.a. auch die des Lernverhaltens, also etwa des zunehmend selbstständigen und eigenverantwortlichen, d.h. auch zunehmend bewußten und damit zugleich zielorientierten Lernens als wesentliches Persönlichkeitsmerkmal einer sich entwickelnden Ich-Identität mit stets erfahrbarem Sinn. Lernen will gelernt sein.

Die oben getroffene Aussage »für jedes einzelne Kind« bedeutet, daß nicht mehr sogenannte phasentypische Merkmale der tradierten Entwicklungspsychologie den Unterricht bestimmen, sondern das konkrete So-Sein jedes Kindes in seiner gegenwärtigen Lebenssituation.

>»Kinder sollten jeweils so gesehen werden, wie sie sind, und nicht so, wie man gerne hätte, daß sie eigentlich sein sollten ... Die Lehrer/ -innen jeder Stufe sollten begreifen, daß sie die Kinder nur ein Teilstück ihres Lernweges begleiten, indem sie das aufgreifen, was die Kinder jeweils mitbringen, dies zielstrebig und systematisch weiterführen und damit das Recht jedes Kindes auf eine Erziehung und Bildung erfüllen, die seinen Fähigkeiten und Voraussetzungen entspricht ...
> Die Lehrer/-innen jeder Stufe sollten systematisch das Ziel verfolgen, die individuelle Lern- und Leistungsfähigkeit jedes Kindes bestmöglich zu entwickeln ...
> Die Lehrer/-innen jeder Stufe sollten sich ständig bewußt sein, daß die Kinder in der Schule zwar kontinuierlich zum Lernen angeregt und zur Leistung herausgefordert werden sollten, daß sie andererseits aber auch aus eigenem Antrieb in ihrer Lebenswirklichkeit nach Orientierung suchen und dabei Unterstützung, Bestätigung und Ermutigung durch Erwachsene brauchen« (Beck/Claussen 1989, S. 116).

Daraus folgt, daß Unterricht in der Grundschule, der sich dem obengenannten vieldimensionalen Auftrag verpflichtet weiß, *differenziert sein muß, denn jedes Kind hat Anspruch auf grundlegende Bildung. Er ist nur dadurch zu verwirklichen, daß jedes Kind seinen individuellen Lernprozeß entfalten kann, in einem erziehenden Unterricht, der prinzipiell von organisierten Gelegenheiten für es geprägt ist, sich zunehmend und schließlich überwiegend selbst zu steuern und selbst zu bestimmen.*

3.3 Erziehender Unterricht: Einlösung des pädagogischen Auftrages zur grundlegenden Bildung

Die Grundschule führt als familienergänzende Institution jene »Anfänge« weiter, die im Rahmen der Familie bzw. des Elternhauses begonnen wurden. Andererseits ist die scheinbar klare Zuordnung von Erziehung zu Elternhaus und Bildung zu Schule nicht haltbar. Erziehung und Bildung gehörten unauflösbar zusammen und bedingen sich wechselseitig. Erziehung und Bildung sind stets auf die Lebenswirklichkeit bezogen und damit auch dem historischen und gesellschaftlichen Wandel unterworfen. Von daher wird der schulische Anteil, hier insbesondere der erzieherische Auftrag im Unterricht, nie eindeutig und nie endgültig zu definieren sein.

Unstrittig ist beispielsweise die erzieherische Bedeutung der Schule dort, wo sie etwa methodisch arbeitet und die Schüler Erfahrungen von der Bedeutung methodischen Arbeiten gewinnen läßt; mit diesem Aspekt des Selbständigseins weist sie weit über die erzieherische Bedeutung des Elternhauses hinaus, sie gibt den Heranwachsenden praktisch die entscheidenden Hilfen, um sich als selbständig Handelnde aus ihren Familien herauslösen zu können.

Im erziehenden Unterricht werden – gemäß dem Erziehungsauftrag der Schule – Ziele wie z.B. Persönlichkeitsmerkmale angestrebt, die letztlich dann relevant und wichtig werden, wenn die Schüler schließlich aus der Schule entlassen sind und sich – auf unterschiedliche Weise – selbständig in ihrer Lebenswirklichkeit behaupten, diese mitgestalten und mitverantworten sollen.

Erziehender Unterricht wäre dann daran zu erkennen, wie die Aneignung der Lerngegenstände (im weitesten Sinne) in der Interaktion zwischen Lehrenden und Lernenden gestaltet wird, damit sie die Identitätsentwicklung der Lernenden positiv beeinflußt und beispielsweise ihre Sach-, Sozial- und Handlungskompetenz für sie merkbar (bewußt) erweitert.

D.h., die pauschale Aussage, daß jeder Unterricht zugleich erziehender Unterricht sein müsse, muß um die inhaltliche Seite ergänzt werden, welche erzieherisch bedeutsamen Ziele ein Unterricht explizit oder implizit den Lernenden ermöglicht. So wäre etwa Selbständigkeit in einem eng geführten Unterricht für einen Lernenden nur gegen die erfahrbaren Handlungen des Lehrers oder der Lehrerin erreichbar, Unselbständigkeit hingegen wahrscheinlicher. Beides hinge von dem sich entwickelnden Selbstkonzept des Lernenden ab, ob er sich nämlich »fügen« oder ob er »opponieren« lernt, wobei hier allerdings angemerkt werden muß, daß sich dieses Selbstkonzept, seine Identität, vor, neben und naturgemäß auch in der Schule entwickelt.

Benner beschreibt erziehenden Unterricht an einem einprägsamen Beispiel:

»Das kognitive Lernziel Einteilung der Zeit in Stunden, Minuten, Sekunden transformiert er (der Lehrer; d.Verf.) in die Frage: ›Wie läßt sich die Zeit einteilen?‹ ... die Aufgaben: ›Wie können wir unsere Zeit individuell und gemeinsam gestalten?‹«

Und er fährt fort:

»Erziehender Unterricht erhebt die Frage nach der Einteilung und Gestaltung der Zeit sowohl in den sachstrukturellen Merkmalen, was die mathematisierte Zeit, die Selbstverhältnis der Lernenden zur Zeit, zum Gegenstand des Unterrichts. Er knüpft an die Fragen und Vorstellungen des Lernenden, wie man die Zeit einteilen und miteinander gestalten kann, an und erweitert dessen Erfahrung und Umgang mit der Einteilung und Gestaltung von Zeit.
Er verbindet das Erlernen der Uhrzeit mit der Förderung von Sozialkompetenz, was die Teilnahme des Lernenden an der gemeinsamen Gestaltung der Zeit betrifft. Solcher Unterricht ist der pädagogischen Idee der Mündigkeit und der in unserer Verfassung aufgenommenen Grundnorm der Anerkennung der Würde der Person und des solidarischen Handelns miteinander verpflichtet. Für ihn muß es daher völlig abwegig sein, Kindern die Uhr ›beizubringen‹, ihnen aber Mitwirkungsmöglichkeiten an einer gemeinsamen Gestaltung der Zeit – auch und nicht zuletzt in der Schule – vorzuenthalten und ihr Verhalten sogenannten ›verbindlichen Wertmaßstäben‹ zu unterwerfen.

Stattdessen rückt erziehender Unterricht die gemeinsame Beratung mit den Kindern, wie die Zeit in der Schule sinnvoll gestaltet werden kann, in das Zentrum der Betrachtungen und führt in den richtigen Gebrauch der Uhr ein, indem er die Kinder an der Gestaltung der Zeit teilnehmen läßt« (Benner 1989, S. 97).

Verfügung über die Zeit wäre dann – um an diesem Beispiel zu bleiben – ein erzieherischer Aspekt des WPU, vorausgesetzt, die Zumessung oder Zuweisung von Aufgaben löste nicht ein ständig neues Ringen der Kinder mit der zu gering bemessenen Zeit aus (Zeitprobleme, Probleme mit der Menge der bewältigenden Aufgaben, Frage nach Hausaufgaben im Zusammenhang mit WPU), sondern die individuelle wie vor allem auch die gemeinsame Einteilung der Zeit und ihre Ausgestaltung würden zum individuellen und auch zum gemeinsamen Lerngegenstand aller Kinder einer Klasse und damit zugleich auch ein ständiger Inhalt von Wahrnehmung, Reflexion und Veränderung.

3.4 Binnendifferenzierung als folgerichtiges Strukturmerkmal von Unterricht, um den Auftrag einer grundlegenden Bildung einzulösen

Aus dem oben Ausgesagten geht hervor, daß diese Anforderungen – kurz: der verpflichtend vorgegebene »Stoff« – andererseits ergänzt werden muß durch schulische Angebote zur vielseitigen Neigungs- und Interessenbildung. Dieser zweite Bereich, diese notwendige Ergänzung des verpflichtenden ersten Bereiches, muß individuell und frei wählbar sein. Er ist per se differenziert, weil individuelle Neigungen und Interessen *den Ausschlag* dafür geben, was als Ziel gesetzt, welcher Weg beschritten, welches Produkt geschaffen wird etc.

»Die Verschiedenheit der Köpfe ist das große Hindernis aller Schulbildung«, schreibt schon Herbart (vgl. »Schemata zu Vorlesungen über Pädagogik in Göttingen« aus den Jahren 1807 bis 1809).

Deshalb versucht die Grundschule, Binnendifferenzierung durch Unterrichts- und Lernorganisation zu bewerkstelligen, etwa durch differenzierende Hilfen für langsame Lerner einerseits und schnellere Lerner andererseits, durch Zusatzangebote oder durch Anforderungsreduzierung, so daß sich die Schüler prinzipiell immer hinsichtlich der erreichten Ziele und erfüllten Anforderungen unterscheiden und damit jeweils auch hinsichtlich der Ausgangspositionen fürs Weiterlernen. Heterogenität ist der »Normalfall« jeden Unterrichts. Aber für alle gilt auch: Binnendifferenzierung ist konstitutives Merkmal grundlegender Bildung. Der gleiche Anspruch gilt übrigens auch für beide Bereiche, für den verpflichtenden und den frei und individuell wählbaren.

Die seit längerem durch Untersuchungen belegte Tatsache, daß Binnendifferenzierung für die Schulpraxis ein bisher ungelöstes Problem geblieben ist (Hopf/Krappmann/Scheerer 1980, S. 1136f.), für das WPU unter Umständen im Zusammenhang mit anderen Reformelementen eine praktische Lösung anbieten könnte, scheint vor allem dadurch bedingt zu sein, daß die Unterrichtspraktiker/-innen aus ihrer (lehrerzentrierten!) Sicht die »Passung« zwischen den jeweiligen Fähigkeiten und Fertigkeiten der Kinder und den dafür präzise zu definierenden Aufgaben bzw. weiteren Lern- und Übungsschritten nicht herstellen können.

Nicht nur im Bereich des frei Wähl- und Entscheidbaren sollte selbständiges Handeln der Kinder überwiegen, auch im Bereich des Verpflichtenden (vorgegebene Ziele und Normen) scheint in der Verstärkung des selbständigen Handelns und der Gelegenheiten dazu der Ausweg aus einer anscheinend unlösbaren Aufgabe zu liegen. Vester schreibt zu diesem Problem:

> »Nun wird man sagen, daß man mit all dem – aufgrund der überraschend großen Zahl grundverschiedener Lerntypen – für den Unterricht wohl kaum etwas anfangen kann. (Wie gesagt, es wird für einen Lehrer unmöglich sein, jeden Typ zu berücksichtigen.) Das Gegenteil ist jedoch der Fall … Wir müssen das ganze Problem – wenn schon

der Lehrer als aktiver Faktor ausscheidet – auf den Schüler abwälzen. Doch gerade dies ... ist sogar besonders günstig für den Schüler. Denn so lernt er rasch, jeder für sich, das Beste aus jedem Unterricht zu machen. Das Lernen wird auf einmal für ihn interessant, es wird seine ureigenste Sache« (Vester 1975, S. 124f.).

Wenn dies von Vester mehr aus allgemeiner lernpsychologischer Sicht beschrieben wird, so ergänzt Heckhausen diese Auffassung aus eher schulpädagogisch motivierter Fragestellung heraus in gleichem Sinne:

»Momentaner Fähigkeitsstand und Aufgabenanforderung müssen fortlaufend zueinander passen, zwischen beiden muß ›Passung‹ sein ... Das ist am besten gewährleistet, wenn das Aufgabenmaterial eine Schwierigkeitsgraduierung zuläßt, *die das Kind selbst manipulieren kann; oder wenn das Kind Material mit dem jeweils passenden Schwierigkeitsgrad selbst auswählen kann.* Dies setzt eine individuelle Selbstbeschäftigung jedes einzelnen Kindes voraus« (Heckhausen 1971, S. 208).

Mit einem Zitat aus den »Empfehlungen der Bildungskommission des Deutschen Bildungsrates vom 13.2.1970« soll dieser Gedankengang vorläufig abgeschlossen werden:

»Für die spätere Lernmotivation und Lernfähigkeit ist das Interesse, das ein Kind an selbstbestimmendem Lernen gewinnt, wichtiger als Leistungsmessungen in Bereichen, die korrigierbar und von geringerer Bedeutung für die Gesamtentwicklung des Kindes sind. Wichtiger als vieles andere, das wir heute besonders hoch bewerten, sind alle aktivierenden, problemorientierten, Selbständigkeit, Eigeninitiative und kooperatives Verhalten fordernden Lernprozesse ...«

Kinder wären bzw. sind dann aktive Subjekte, »Agenten« ihrer Lernprozesse.

Es wäre sicherlich unkomplizierter, wenn die skizzierte grundsätzliche Differenzierungsproblematik nur auf der didaktisch-methodischen Ebene entstünde, also etwa in der Notwendigkeit, Anforderungen und individuelle oder gruppenbezogene Lernvoraussetzungen didaktisch-methodisch zur Deckung zu bringen.

Diese Ebene wird in der Grundschule aber stets überlagert durch jenen zumindest zwiespältigen, seit ihrer Gründung 1921 bis heute geltenden Auftrag, zum einen zwar die Bildung für alle grundzulegen, zum anderen aber alle Kinder auf die weiterführenden Bildungsgänge eines nach wie vor selektivorientierten Bildungssystems zu verteilen.

Daraus resultiert, daß für viele spätestens mit dem Ende des 2. Schuljahres eine »heimliche Dreierdifferenzierung« angedacht wird, die der Dreiteilung der Schulformen in der Sekundarstufe I entspricht oder aber daß bei allen Diskussionen um Binnendifferenzierung immer die »bange Frage« mitschwingt, ob man denn dann »mit dem Stoff durchkäme«.

Die »Zwangslage« der Grundschule könnte nur durch lange offengehaltene Bildungsgänge in der Sekundarstufe I gelöst werden, die die Grundschule von der beschriebenen Verteilerfunktion »erlösten«.

In der »Zwangslage« sind nur Kompromisse, aber keine z.b. von pädagogischen bzw. didaktisch-methodischen Erkenntnissen und Grundpositionen her formulierten grundsätzlichen Veränderungen möglich.

Dies spiegelt sich übrigens auch in vielen reformorientierten Entwicklungsprojekten wider, etwa in dem zum WPU des »Marburger Grundschulprojektes« wie auch in historischen Lösungsversuchen, etwa in den Auseinandersetzungen Celestin Freinets mit der französischen Staatsschule und seinen daraus erwachsenen Ratschlägen für Lehrer oder auch im Ausweichen von reformkonzeptorientierten Schulen in den Privatschulbereich, in den Status einer »Angebotsschule« oder in die »freie«, die zum Regelschulbereich alternative Schulszene.

Die im Regelschulwesen und damit auch in der Grundschule weitgehend ungelöste Differenzierungsproblematik zeigt sich besonders deutlich an spezifischen Schülergruppierungen, etwa an »schulschwachen, lern- und leistungsgestörten sowie verhaltensschwierigen Schülern einerseits, die die Grundschule als überfordernde und bedrohende Institution erfahren, deshalb in ihrer gesamten Persönlichkeitsentwicklung gefährdet sind und an besonders befähigten Schülern andererseits, die die Grundschule lediglich als Durchgangs- und Verteilungsstelle passieren, Förderung ihrer spezifischen Fähigkeiten jedoch vorwiegend durch die Familie oder andere außerschulische Instanzen erfahren. Die Probleme der ersten Gruppe werden häufig durch Aussonderung, d.h. durch Überweisung an Sonderinstitutionen gelöst; die Probleme der zweiten Gruppe sind noch kaum ins Bewußtsein gerückt. Schüler werden im allgemeinen zu ›didaktischen Normalsubjekten‹« (Kasper 1979a, S. 66f.).

Die erwähnte und als ungelöst gekennzeichnete Differenzierungsproblematik zeigt sich aktuell in den besonderen Problemlagen aller Versuche und Ansätze zur Integration behinderter Kinder und in der vorläufig keinesfalls in der breiten Öffentlichkeit akzeptierten Forderung nach zieldifferentem Unterricht – zunächst in der Grundschule –, der neben der »Grundlegung« explizit unterschiedliche Zielebenen für unterschiedliche Kinder fordert, ohne sie dabei sozial trennen zu wollen.

Vor diesem – insgesamt nach wie vor – problematischen Hintergrund sind die Möglickeiten binnendifferenzierenden Unterrichts in der Grundschule zu diskutieren und die Kriterien für didaktisch, pädagogische und soziale Entscheidungen zu benennen.

Binnendifferenzierung ist stets auf heterogene Lerngruppen gerichtet, die sich zudem in wechselnden Unterrichtssituationen aufgrund der je intrapersonellen Unterschiede in wechselnde Untergruppierungen auflösen können.

Ihre Praktikabilität entscheidet sich an konkreten Planungs-, Durchführungs- und Überprüfungs- bzw. Evaluationsmöglichkeiten an Ort und Stelle im Sinne »interpretativer Lernplanung« von seiten des Lehrers oder der Lehrerin (Maurer 1972, S. 53ff.; vgl. auch Kasper 1974; Klafki/Stöcker 1976, S. 508ff.).

Seine bzw. ihre *Kriterien* für die Binnendifferenzierung liegen auf verschiedenen Ebenen: Sie können sich beziehen auf

- die Qualität von differenzierender Hilfe bei der Bewältigung unterschiedlicher oder gleicher zugewiesener Aufgaben, etwa in der Weise, daß bei dem Signal »Ich brauche Hilfe!« durch ein Kind oder bei der Wahrnehmung »Dies Kind braucht Hilfe!« eine sorgfältig dosierte Hilfe gegeben wird, die angenähert »paßt«;
- das Niveau der zugeteilten Aufgaben, d.h. hier: der in der Regel individuell, aufgrund der Deutung der Situation zugewiesenen Aufgaben, etwa hinsichtlich Komplexitätsgrad oder etwa hinsichtlich Variation eines Grundmusters etc.;
- die Bereitstellung von Anschauungs- und Lernhilfen, die etwa den individuell notwendigen Wechsel der Abstraktionsebenen ermöglichen;
- die Aufgabenmenge bzw. den zu bewältigenden »Stoffumfang«;
- die notwendig werdende Zusammenführung vorübergehender und flexibler (sich nicht doch »insgeheim« verfestigender) Untergruppierungen für zusätzliche oder ergänzende Hilfen;
- den nach Einschätzung zugewiesenen oder erforderlichen Zeitaufwand, der sich erst *in* der Situation ergibt;
- die eingeschätzte oder die erforderlich werdende Anzahl von Übungsfolgen, Wiederholungen oder Neuansätzen;
- den Grad der Selbständigkeit;
- die unterschiedlichen inhaltlichen und/oder methodischen Zugänge zu den Aufgaben, Problemstellungen, Phänomenen etc;
- die unterschiedlichen Vorerfahrungen (Lernvoraussetzungen), bezogen aber nicht nur auf die sogenannten Lehrgänge, sondern auf alle Fächer und Lernbereiche der Grundschule;
- die unterschiedlichen Neigungen und Interessen, denen Kinder im Unterricht nachgehen, die sie in ihn einbringen wollen (sofern sie diese Erwartung gelernt haben), zu denen sie etwas im Unterricht suchen und aufgrund deren sie auf Unterricht im weitesten Sinne reagieren;

- den Grad der Kooperationsfähigkeit sowie
- die verschiedenen Aneignungs- und Handlungsebenen im Sinne von anschaulich-konkret, explizit-sprachlich oder gedanklich.

Das bedeutet: Das lehrerzentrierte Konzept, bei dem Lehrerin oder Lehrer binnendifferenziernden Unterricht alleine oder dominant realisieren wollen, ist praktisch nicht verifizierbar. Erst die Wendung zu überwiegend schülerzentriertem Unterricht macht binnendifferenzierenden Unterricht praktikabel.

Grundsätzlich kennzeichnen diesen Unterricht durchaus auch weiterhin wesentliche Anteile an sogenannter interpretativer und diagnostischer Lernplanung und dementsprechend intentional gesteuertem Handeln der beteiligten Erwachsenen, aber zugleich auch wesentliche und bewußt »zugelassene« Anteile an aktivem und selbständigem (eigenständigem, selbstgesteuertem) Lernen, d.h. Planen, Entscheiden, Ausführen und Handeln, Kooperieren, Beurteilen und Einschätzen aller beteiligten Kinder.

Erziehender Unterricht wäre demnach – aus der Sicht der einzelnen lernenden Subjekte wie auch der sozialen Einheit Schulklasse – auch und im besonderen die Chance, der Raum und die Zeit für Selbsterziehung und Selbstbildung.

Allein die Subjekte des Lernens geben Zielen und Inhalten des Unterrichts den für sie verbindlichen Sinn. Dies gilt für jede Schulstufe und damit auch für die Grundschule.

Die Auffassung, daß etwa die basalen Lehrgänge der Grundschule (Lesen, Schreiben, Rechnen) diesbezüglich kein besonderes Problem seien, verliert an Gewicht, wenn der Bedeutungsaspekt jedes Lerninhaltes zum Maßstab genommen wird (etwa der explizite Bezug allen Lernens zur Lebenswirklichkeit der Kinder).

»Wenn wir die Schule, insbesondere die Grundschule, nicht nur als Ort organisierten Lernens, sondern als einen Lebensraum für Kinder betrachten, der im besonderen Maße bewußt pädagogisch zu gestalten ist, dann bedeutet dies, daß dieser Lebensraum einer Vielzahl kindlicher Bedürfnisse gerecht werden muß, daß er Lernen nicht isolieren und aus erfahrbaren Sinnbezügen herauslösen darf. Lernen darf sich dann nicht nur beschränken auf kognitive Prozesse, es muß eng verbunden bleiben mit dem persönlichen Erleben, dem Erfahren und Handeln in einer Gruppe, mit sozialen Erfahrungen, mit Phantasie und mit dem Spiel und mit dem Wollen, mit der Selbststeuerung und der Eigenverantwortung der Lernenden« (Popp 1985, S. 63).

Damit rücken Lern- und Handlungs- und Unterrichtsformen ins Blickfeld, die eher als andere dieser Sichtweise entsprechen. Zu nennen sind: Freie Arbeit, WPU, Projektunterricht bzw. projektorientierter Unterricht, Spiel, offenerer und informeller Unterricht, solche also, die durch selbständigeres, selbstbestimmtes und selbstorganisiertes Lernen gekennzeichnet sind. Lern-, Handlungs- und Unterrichtsformen, bei denen weniger der Anspruch auf effektives und ökonomisches *Lehren,* sondern auf effektives, zunehmend selbständiges *Lernen* erhoben wird, bei dem die Bedürfnisse, Interessen, Vorerfahrungen und die vorhandenen Kompetenzen definieren, wie weitergearbeitet und -gelernt wird bzw. wie diese durch systematische Arbeitsweisen, Lernmethoden und -strategien ergänzt werden.

3.5 Spezifische Zielkategorie für erziehenden Unterricht: Selbständigkeit

Zum einen steht fest, daß die – gewissermaßen allen anderen übergeordnete – Zielkategorie Selbständigkeit (mit allen ihren Synonymen) in der Epoche der Schulreform der 20er Jahre besonders akzentuiert wurde (vgl. dazu Gansberg 1923; Gaudig 1930, 1963; Geisel 1930; Geissler 1970; Reble 1959; sowie Seidenfaden 1960).

Zum anderen wird erkennbar, daß sich Reformversuche der Gegenwart, d.h. etwa ab Ende der 70er Jahre, bei wesentlichen von ihnen vertretenen Reformelementen ihrer Konzepte auf Traditionslinien aus der Schulreform der 20er Jahre explizit berufen und diese in neuere Entwicklungslinien (pauschal mit offenem Unterricht, handlungs-, erfahrungs- und situationsorientiertem Unterricht angedeutet) einbeziehen.

Aus diesem Zusammenhang heraus kann – mit zumindest plausiblen Gründen – angenommen werden, daß die Zielkategorie Selbständigkeit gegenwärtig eine neue Akzentuierung erfährt.

Die Grundfigur pädagogischen Handelns, das auf Selbständigkeit zielt, ist schnell gezeichnet: Lehrer/-innen sollen alle Kinder dazu *anleiten, selbständig zu denken und zu handeln.*

Jeder nimmt an, daß dies ein längerfristiger Lernprozeß ist, bei dem insbesonders die Grundschullehrer/-innen auf die Prägekraft frühen Lernens in der Grundschule setzen, das auf ersten Anmutungen, Erlebnissen, Erfahrungen, auf dem alltäglichen Mit-Lernen, auch des »heimlichen Lehrplans« und auch des häufig als widersprüchlich empfundenen Lehrer/-innenhandelns, aufbaut.

Damit sind etwa Erfahrungen von Unterrichtssituationen gemeint, in denen die Kinder zwar nach den geäußerten Auffassungen von Lehrer oder Lehrerin selbständig handeln und lernen sollen, faktisch aber ständig gegängelt und eng geführt werden oder aber auch nur so tun, als ob.

Die Zielkategorie Selbständigkeit drückt die allgemeine Auffassung der Schule über sich selbst aus, nämlich sich überflüssig machen zu wollen.

Der Begriff Selbständigkeit ist in der erziehungswissenschaftlichen Literatur wie auch in der breiten Öffentlichkeit überwiegend positiv besetzt; alle formulierbaren Gegenbegriffe wie etwa Unselbständigkeit sind negativ besetzt.

Mit Selbständigkeit ist ein »Persönlichkeitsideal« (pragmatischer: Persönlichkeitsmerkmal) gemeint, das sich an der Idee eines auf allen Gebieten autonomen Menschen orientiert.

Der daraus resultierende erziehende Unterricht in der Schule muß so sein, daß er die anzustrebende Selbständigkeit befördert; prinzipiell muß alles vermieden werden, was sie behindert. Hinzu kommen zwei weitere wichtige Annahmen: Das Persönlichkeitsmerkmal Selbständigkeit kann sich nur im sozialen Kontext entwickeln; es liegt bei jedem Kinde ein entsprechendes »Entwicklungspotential« vor.

>»Gemäß der Tradition des abendländischen Menschenbildes wie vor allem auch in modernen Entwicklungs- und Sozialisationstheorien gilt Selbständigkeit als erreichbar – ja als eine der individuellen Entwicklung vielleicht sogar innewohnende Tendenz« (Terhart 1990, S. 6ff.).

Grundsätzlich ergibt sich aber an dieser Stelle eine erhebliche Problematik:

>»Liegen die Dinge so, ist ein auf Selbständigkeit gerichtetes Handeln notwendigerweise in sich widersprüchlich, paradox, unmöglich: Wie kann man von außen jemanden so anstoßen, daß er zur Selbständigkeit befähigt wird?« (Terhart 1990, S. 5).

Meyer formuliert die grundsätzliche Problematik »pointiert« am Beispiel des methodischen Handelns:

>»Das methodische Handeln des Lehrers steht in dem unaufhebbaren Widerspruch, die Schüler mit Gewalt zur Selbständigkeit führen zu sollen.

>Das methodische Handeln der Schüler lebt von dem Widerspruch, selbständig handeln zu wollen, aber doch auf die Hilfe des Lehrers angewiesen zu sein« (Meyer 1988, S. 55).

Diese »Paradoxie« durchzieht die theoretische pädagogische Reflexion seit Anbeginn ebenso wie die Schulpraxis, die vor der Verpflichtung steht, das hehre »Präambelziel« erreichen zu sollen.

>»Insbesondere die Reformpädagogik und innerhalb dieser die Anhänger der Arbeitsschule bzw. des Arbeitsunterrichts waren sehr darum bemüht, ihren pädagogischen Reflexionen und praktischen Vorschlägen ein möglichst breites historisch-theoretisches Fundament zu geben. So findet man z.B. in der Arbeit von Wolf über das Prinzip der Selbsttätigkeit in der modernen Pädagogik (1921) eine entsprechende Genealogie, die auf 130 Seiten von den Renaissance-Humanisten über Ratke, Comenius, Locke, Leibnitz, Rouseau, den

Philantropen, Herder, Kant, Schiller, Goethe, W. v. Humbold, Pestalozzi, Fichte, Schleiermacher, Jean Paul, Fröbel, Herbart, Diesterweg,
Kerschensteiner, Gaudig und Foerster reicht. Was will man mehr.
Genau diese usurpatorische und im Interesse der Sache nicht selten
recht großzügige Durcharbeitung der ideengeschichtlichen Bestände
ist eine Form historisch-pädagogischer Argumentation, derer man
sich heute nicht mehr guten Gewissens bedienen darf« (Terhart 1990,
S. 7).

Man könnte diese »Genealogie« sicherlich um einige weitere
Namen ergänzen, und zwar aus heutiger Sicht und Einschätzung, auf die weiter oben schon Bezug genommen wurde.
    Terhart konstatiert in diesem Zusammenhang, daß die
Realität der »Erziehungs-, Schul- und Unterrichtsverhältnis-
se« weit hinter den Postulaten zur Beförderung der Selbständigkeit zurückblieb und -bleibt, offenbar ein starkes, perma-
nentes Motiv für periodisch ansetzende Reformbestrebungen.
    Er erklärt das Zurückbleiben auch mit der Doppeldeutig-
keit des Begriffes Selbständigkeit, der zum einen ein individuelles Motiv zur Gewinnung eigener Autonomie, eine der eigenen Entwicklung innewohnende »Tendenz« darstellt, die auch
in der Pädagogik ihren Ausdruck gefunden hat, zum anderen
aber auch auf »staatsbürgerliche und ökonomische Erforder-
nisse hin kanalisiert« wurde, und zwar durch staatliche Pflicht-
schulsysteme. In der – nicht nur historisch interessanten –
Kontroverse zwischen Gaudig und Kerschensteiner um die
Arbeitsschule ist die Doppeldeutigkeit des Begriffes Selbständigkeit nachvollziehbar. Der letztlich »obsiegende« Arbeits-
schulgedanke, der große Bedeutung für die Volksschule
gewann, verknüpfte den Drang nach Selbständigkeit und eige-
nem Schaffen des Lernenden mit der ökonomischen Diszipli-
nierung«, d.h., es wurden nicht nur pädagogische Ansätze als
schulische Strukturmomente akzeptiert, eine fortdauernde
Kontroverse.
    Die eigentliche Kontroverse bestand in der Auseinander-
setzung zwischen einem »radikal-individualistischen Prinzip
der Selbst-Konstitution von Persönlichkeit« und der »Vermitt-

lung von Fähigkeiten und Tugenden, die ... in der modernen, industriell verfaßten Arbeitsgesellschaft benötigt werden« (Terhart 1990, S. 8).

Auch heutige Konzepte entgehen weder der oben beschriebenen pädagogischen »Paradoxie« noch der gesellschaftlichen »Widersprüchlichkeit« eines an der Zielkategorie Selbständigkeit orientierten erziehenden Unterrichts.

In dem angedeuteten Rückgriff auf Reformelemente aus den 20er Jahren scheint aber noch ein weiteres wesentliches Moment mitzuschwingen, das kurz als »Pädagogik vom Kinde aus« gekennzeichnet werden kann und das – »radikal zu Ende gedacht – jede erzieherische Einflußnahme für überflüssig, ja schädlich halten« müßte.

Terhart spricht im Kontext von einer »Mythologisierung des Kindes und der kindlichen Entwicklung«, die nur noch ein »Wachsenlassen« zulasse, das »Gegenteil einer pädagogischen Option«.

Dieser – insbesonders durch Gaudig emphatisch vertretene – radikale Ansatz fand schon bei seinem Eingang in die Schulen der Weimarer Republik seine Grenzen und wurde auch später von den Erziehungswissenschaften relativiert, ohne daß die allgemeine Zielkategorie Selbständigkeit aufgegeben wurde.

Gaudig ist im übrigen der immanenten Paradoxie einer Erziehung zur Selbständigkeit nicht entgangen, wenn er zur zu entwickelnden Kompetenz der Schüler schreibt: »Dem Lehrer aber muß die Methode, seine Schüler zur Methode zu *führen* (Hervorhebung: d. Verf.), eigen sein« (Terhart 1990, S. 8).

Terhart kommt im übrigen zu dem Schluß, daß es nicht darum gehen könne, die »Paradoxie einer Erziehung zur Selbständigkeit aufzulösen.«

»Im selben Augenblick, in dem diese Paradoxie verschwindet, verliert auch Erziehung ihre eigentliche Legitimation, weil sie dann nämlich die für sie konstitutive Aufgabenstellung – die Selbständigkeit der nachwachsenden Generation abzusichern und zu befördern – aufgegeben hat.«

Auch Meyer kommt zu einem ähnlichen Schluß:

>Ich gehe davon aus, daß Unterricht ein dialektischer Prozeß ist, der durch den Widerspruch von Lehren und Lernen, von Führung und Aneignung, von Fremdbestimmung und Selbständigkeit gekennzeichnet ist« (Meyer 1988, S. 54).

Er fügt an anderer Stelle aber hinzu:

>Die konstruktive Aufarbeitung der inneren Widersprüchlichkeit der Unterrichtsmethode setzt allerdings voraus, daß der Lehrer tatsächlich die Selbständigkeit der Schüler zum entscheidenen Ziel seines methodischen Handelns macht« (Meyer 1988, S. 56).

Schwarz mahnt in ähnlicher Wiese die – wie er selbst sagt, »etwas flapsig« –»Diskrepanz-Krankheit« in der Schulpraxis an.

>Sie drückt sich darin aus, daß eine große Diskrepanz zwischen dem Niveau der Einsicht und dem Niveau des Handelns besteht«, womit er meint, »daß wir selbstgesteuertes Handeln des Kindes sehr richtig finden, aber dann – mangels Selbstkritik oder mangels Kompetenz oder wegen vermeintlicher oder tatsächlicher Sachzwänge oder aus Angst vor dem Risiko – den Unterricht voll lehrerzentriert praktizieren« (Schwarz 1986).

Die gegenwärtige Diskussion um die Zielkategorie Selbständigkeit erscheint vor dem Hintergrund jener Widersprüchlichkeit relativ nüchtern. Ihr fehlt die ungebrochene Emphase der Reformpädagogik; sie versucht das Thema im Kontext heutiger Unterrichtswirklichkeit eher pragmatisch, gleichwohl aber konstruktiv zu erörtern, gewissermaßen als »ziemlich normale Angelegenheit« (vgl. Oelkers 1990, S. 1ff.; sowie Treiber/Weinert 1982).

Selbständigkeit als Zielkategorie für den Unterricht auf allen Stufen bedeutet nach wie vor, daß Kinder und Jugendliche *sich als Subjekte ihres Lernprozesses erfahren.*

Winkel kennzeichnet die gegenwärtige Auffassung in durchaus schon schulpädgaogisch relevanter Weise wie folgt:

»Niemand kommt gleichsam als ›Selbständiger‹ auf die Welt, jeder muß *mühsam* Selbständigkeit lernen. Die folgenden sechs Rhythmen kann keiner außer Acht lassen: Zunächst entscheiden andere (größere, kundigere, vernünftigere Erwachsene) für uns; sodann sind sie stellvertretend tätig; drittens machen sie ihre Vormundschaft transparent; viertens gewähren sie Partizipation und machen sich, fünftens, allmählich überflüssig. In diese Mitverantwortung hinein greift die partielle Selbständigkeit; und erst dieses immer wieder unter Beweis gestellte Selber-tätig-sein führt sechstens in die Selbständigkeit in der Verantwortung vor anderen, das heißt in Solidarität mit denen, die dieser Kompetenz noch bedürfen« (Winkel 1990, S. 12).

Winkel gibt damit einen Rahmen, fast ein Modell für die »konstruktive Aufarbeitung der Widersprüchlichkeit« vor, ohne z.B. einer naiv-radikalen »Pädagogik vom Kinde aus« zu erliegen, und übersetzt zugleich die »Präambelpädagogik« in vorstellbare Unterrichtsmaximen.

So zielt er etwa auf Veränderungen des Rollenverständnisses bei den Erwachsenen in der Grundschule (vgl. dazu Hinweise auf die Motive zur Übernahme des WPU in der einleitenden Problemskizze), die Kinder zu selbständigem Handeln *ermutigen*, es *zulassen*, es ihnen *zutrauen* und auch *zumuten* (obwohl sie beispielsweise alle Problemlösungen, die sie nunmehr Kindern überlassen wollen, aufgrund ihrer Lebenserfahrungen selber viel schneller, ökonomischer, rationeller erledigen könnten: Komm, ich zeig dir, wie man's macht!).

Er zielt auf die bedeutsame didaktische »Dosierung« jener Zumutungen, bei denen die Erwachsenen keinen gleichbleibenden Lehr-Stil (Belehrungsstil) praktizieren, sondern im Dialog mit den Kindern lernen, sich selbst zurückzunehmen, sich aus Lernprozessen herauslösen zu können, wenn sie merken, daß und in welchem Ausmaß sich die zunehmende Selbständigkeit bemerkbar macht.

Er zielt ferner darauf, daß Kinder Gelegenheiten für eigene Entscheidungen erhalten, daß Kinder an der Verantwortung für Unterrichtsinhalte (z.b. für Auswahl und Schwerpunktsetzung) und an der Gestaltung des sozialen Lebens in der Schulklasse beteiligt werden, wobei nur der Verantwortung im Sinne des Wortes und in dem Maße übernehmen kann, in dem er bei seiner Sache oder bei der gemeinsamen Sache *erfahrbar* mitgeredet, mitentschieden, mitgewirkt und mitbestimmt hat ... und nicht nur so getan hat. Werden die Kinder als Interaktionspartner begriffen, so können sie von Anfang an (und dies verweist deutlich auf die Grundschule) Verantwortung übernehmen für die Entscheidungen darüber, was wie gelernt werden soll; dies setzt Gelegenheiten zum Auswählen zwischen mehreren Möglichkeiten voraus.

Kinder müssen sich, auch das macht Winkel deutlich, auf ihrem Wege zur Selbständigkeit immer einer behutsamen und kompetenten Begleitung durch dafür ausgebildete Erwachsene sicher sein können. Begleitung meint jene kurz zuvor angedeuteten, jeweils neu auszuregelnden Interaktionen, in der »beide Seiten«, d.h. Kinder und Lehrer/-in, den Unterricht gemeinsam auf Selbständigkeit hin orientieren.

Schulz macht unter dem Stichwort »Selbständigkeit« (Schulz 1990, S. 34ff.) auf Mollenhauer (1972) aufmerksam, der herausgearbeitet hat, daß »*Unterricht unter der Perspektive der Mündigkeit nur von Lehrenden und Lernenden gemeinsam konstituiert werden kann.*«

Mündigkeit als bildungspolitische Zielkategorie kann hinsichtlich ihrer begrifflichen Reichweite als in weiten Teilen deckungsgleich mit Selbständigkeit oder Autonomie angesehen werden.

Erst wenn die Kinder »annehmen können, der Unterricht sei auch ihre Veranstaltung, in die sie sich ganz einbringen können, die sie mitgestalten, die ihre Fragen beantwortet, erst dann ist Unterricht für sie eine pädagogische Veranstaltung.«

Jene »Partizipation« an unterrichtsbezogenen Entscheidungen läßt die Kinder aufgrund jener ihnen innewohnenden

»Tendenz«, »selbst jemand sein zu wollen« (Langeveld 1960) erfahren, daß ihr jeweiliger Lernfortschritt und ihr jeweiliges Lernproblem (individuelle Dimension), aber auch ihr Bei-Trag zum gemeinsamen Leben in der Schulklasse (soziale Dimension) wichtig sind.

Das weiter angeführte Attribut »Nüchternheit« wird mit Blick auf die Regel- bzw. die »Normalschule« bei der Argumentation von Schulz daran deutlich, daß er »das, was wir mit Selbständigkeit und mehr noch mit Selbstbestimmung und Selbstverantwortung meinen, im Schulalltag« als nur »schwach ... gesichert« bezeichnet. Zwar sieht er es als realistisch an, daß die »Förderung von Selbständigkeit auf der Grundlage von Lernzielen, Richtlinien und Lehrplänen zumindest legitimierbar« ist, was bedeuten soll, daß sich Lehrer und Lehrerinnen bei der konkreten Realisierung der Zielkategorie Selbständigkeit auch auf schulrechtlich relevante Grundlagen berufen können, daß es aber gleichwohl der »Zivilcourage« des einzelnen Lehrers, der einzelnen Lehrerin bedürfe, um diesen Anspruch einzulösen.

Schulz weist dabei auf Zusammenhänge hin, die zunehmende Selbständigkeit im Unterricht beeinträchtigen.

Er nennt vor allem den »heimlichen Lehrplan« (vgl. Zinnecker 1975), aber durchaus nicht in dem von Meyer angedeuteten Sinne, daß nämlich Selbständigkeit möglicherweise gar nicht gewollt werde, sondern mit Blick auf reale Faktoren, die eine Einlösung auch des realistisch und nüchtern eingeschätzten Anspruches erschweren.

Ein Aspekt des »heimlichen Lehrplanes« ist die »immer noch übergroße Stoffülle«, d.h. jenes bis heute weder theoretisch noch gar praktisch gelöste curriculare Problem jeder Schulstufe, das üblicherweise aufgrund einer zwangsläufigen Akkumulierung von weder quantitativ noch qualitativ miteinander vermittelbaren »Fachansprüchen« entsteht und »die Zeit für selbständiges Lernen«, das als fachübergreifende Zielkategorie von den Fächern her schwer definitorisch faßbar wird, »marginalisiert«.

Zum anderen nennt er in Fortführung des Gedankenganges die »Vielzahl der Fächer« (ein Kritikpunkt, der nach wie vor auch in Richtung Grundschule geäußert werden kann, wo alte »Segmentierungsaspekte« gegen neue eingetauscht worden sind) und den sogenannten, methodisch orientierten »Phasenwechsel« eines überwiegend lehrerorientierten Unterrichts und eines durch 45-Minuten-Zeitspannen zergliederten Unterrichtsvormittages, eine Unterrichtsrealität, die Aufmerksamkeit »zersplittert« und aus der allenfalls radikal umgesetzte Konzepte fächerübergreifenden und rhythmisierenden Lernens heraushelfen können.

Als weiterer Aspekt nennt er die Notwendigkeit, »gute Noten in möglichst vielen Fächern und in Individualkonkurrenz erhalten zu müssen« und außerdem »den möglichst angesehensten Schulzweig zu halten« und nicht »sitzenzubleiben«. Als Folge dieses »Anpassungsdruckes«, der – wie oben schon dargestellt – im Bereich der Grundschule die spezifische Ausprägung in der Vorbereitung auf die Verteilung auf unterschiedliche Schulformen nach dem 4. Schuljahr bekommt, sieht er einerseits den »Zug zum möglichst entproblematisierten Reptitionswissen« und andererseits die negative Sanktionierung der »Ansätze zur Selbstbestimmung«.

Die bei der grundsätzlichen Erörterung der Zielkategorie Selbständigkeit notwendige Darstellung unterschiedlicher Aspekte, die zuletzt auch die gewissermaßen systemisch erschwerten Bedingungen in der Regelgrundschule aufgrund des »heimlichen Lehrplans« betraf, wäre unvollständig, wenn nicht auch die unterschiedlichen Voraussetzungen der Kinder in der Grundschule bezüglich Selbständigkeit einbezogen würden (siehe dazu auch die Ausführungen zur »Binnendifferenzierung«).

Die unterschiedlichen Voraussetzungen der Kinder in der Grundschule müssen an dieser Stelle in die Diskussion eingeführt werden, weil dadurch auch eine wesentliche Bedingung für WPU und vor allem für die spezifischen Aspekte eines mit ihm verknüpften erziehenden Unterricht umrissen und (fächerübergreifende!) Zielkategorien wie auch konkrete Handlungskonzepte für diesen Unterricht genauer gekennzeichnet werden können.

Die Grundschule übernimmt die Schulanfänger aus sehr unterschiedlichen familiären Verhältnissen und stellt sie zu prinzipiell heterogenen (und auch heterogen bleibenden!) Gruppierungen zusammen. Auch mit Blick auf Selbständigkeit bilden »Grundschulkinder eine so unterschiedliche Schülerschaft, wie es sie sonst im Schulwesen nicht gibt« (Schwarz 1986, S. 4).

Für den Unterricht in der Grundschule und die schulpädagogische Erörterung bedeutet das von der angedeuteten Ausgangslage her, daß er *von Anfang an* auf je zunehmende Selbständigkeit *aller* angelegt sein muß, so daß im Verhalten der lernenden Subjekte sichtbar wird, wie sie mit immer weniger Hilfe, zumal mit immer weniger dominanter Hilfe, auskommen und immer mehr aufgrund eigener Motivation, eigenen Antriebs und eigener Zielsetzung *auch* über die gestellten Forderungen hinaus handeln können.

Wie oben schon angedeutet, beginnt selbständiges Verhalten weder erst in der Grundschule, noch ist seine Entwicklung und Förderung alleine auf die Schule beschränkt; es ist bei Schuleintritt in jedem Falle jedoch noch kein vollständig ausgeprägtes Persönlichkeitsmerkmal und von daher der je gezielten, d.h. differenzierenden Ent-Wicklung und Förderung durch Unterricht aufgegeben.

Grundschulkinder kommen nicht nur mit unterschiedlichen Fähigkeiten und Fertigkeiten (die nicht selten alleine zur Kennzeichnung ihrer Selbständigkeit herangezogen werden), sondern auch mit unterschiedlichen Selbstkonzepten in die Grundschule.

Dies läßt sich an einigen nicht in systematischer Absicht zusammengestellten und an keinerlei »Typologie« orientierten Beispielen zeigen:

Ein Kind ist z.B. zu früh sich selbst überlassen worden. Es hat Halt gesucht, aber keinen gefunden. Deshalb ist es halt-los, unsicher – und da in vielen alltäglichen Situationen überfordert – mißerfolgsorientiert geworden, weil es die Überforderungen nicht angemessen verarbeiten konnte.

Ein zweites Kind ist mit autoritativ erzwungenen Beteiligungen an familiären Situationen häufig rigide gegängelt worden und inzwischen so kommandoorientiert, daß es keinen Schritt mehr ohne Blick zu den Erwachsenen hin wagt.

Ein drittes Kind konnte ohne Druck und mit behutsamer Unterstützung und Begleitung durch seine Mutter, seinen Vater oder beide seine Selbständigkeit in emotionaler Sicherheit entwickeln und erproben; es ist selbstbewußt und optimistisch.

Ein viertes Kind ist zu lange »festgehalten«, »überbehütet« worden. Jede Schwierigkeit und jedes Risiko ist von ihm ferngehalten worden. Seine Selbständigkeit ist unentwickelt; es ist ängstlich, ohne Selbstvertrauen.

Wenn die Grundschule auf diese Unterschiedlichkeit mit einem gleichschrittigen Unterrichtskonzept reagierte, bei dem alle zur selben Zeit dasselbe mit angenähert ähnlichem Erfolg lernen sollten, müßte sie scheitern. Wenn demgegenüber die Aufgabe der Schule darin gesehen wird, jedes Kind auch aufgrund seines Selbstkonzeptes zu fördern, muß Unterricht logischerweise auf diese Individualität eingehen und grundlegenden Unterricht zugleich auch als zieldifferenten Unterricht ansehen.

Diese Auffassung wird dadurch unterstützt, daß nämlich die *Spannbreite der unterschiedlichen Entwicklungszustände* (in etwa verglichen am Schulanfang) gegenwärtig offenkundig größer als früher zu sein scheint.

Fölling-Albers spricht von einem »Prozeß zunehmender Diversifikation von Kindheitsmustern« (Fölling-Albers 1989, S. 13).

Der Bundesgrundschulkongreß 1989 hat nachdrücklich deutlich gemacht, daß sich auch die *Voraussetzungen* für eine Entwicklung von Selbständigkeit bei heute aufwachsenden Kindern qualitativ verändert haben: Räume und Zeiten sind »enger« geworden, die Gelegenheiten zum Erfahrungsammeln »aus erster Hand« haben sich verändert, der »Verlust an Eigentätigkeit« wird von Rolff/Zimmermann (1989, S. 28ff.; vgl. auch Hopf 1989; Zeiher 1989) konstatiert.

Was die an Zahl zunehmenden Einzelkinder an Selbständigkeit scheinbar individuell »hinzugewonnen« haben, stellt sich in der sozialen Dimension ihrer Lebensumstände als deutlich defizitärer dar (Krappmann/Oswald 1989, S. 94ff.). Selbstkonzept und soziale Kompetenz (definiert als das Gesamt der erlernten Handlungsmöglichkeiten in der sozialen Umwelt) hängen bei der Erörterung der Selbständigkeit als Zielkategorie im erziehenden Unterricht deshalb ebenfalls eng zusammen.

Seit der Begriff der »Social Studies« etwa zeitlich parallel zum Grundschulkongreß 1969 auch Bedeutung für die bundesdeutsche Curriculum-Diskussion erhielt (Mitter 1969, S. 36ff.), wird auch die soziale Dimension von Selbständigkeit in dem Sinne mitdiskutiert, daß etwa nur der oder die selbständig denken und handeln können, der oder die allein wie in der Gruppe Autonomie erwerben und bewahren kann, ohne zum – negativ apostrophierten – Einzelgänger zu werden. Beispielsweise gehört das Aushaltenkönnen von abweichender Meinung und Auffassung bei unterschiedlich motiviertem und unterschiedlich starkem Gruppendruck zu den besonders interssierenden Merkmalen der Selbständigkeit.

Als spezifisch sozialer Aspekt der Selbständigkeit gilt, daß Menschen als grundsätzlich kommunikative und kooperative Sujekte darauf *angewiesen* sind, mit anderen in Beziehung zu treten, wenn sie z.b. Probleme lösen und/oder mit spezifischen Situationen fertig werden müssen/sollen. Der soziale Aspekt der Selbständigkeit, der sich konkret etwa in »Hilfe holen, Experten befragen, Gedanken und Konzepte mit anderen austauschen, fremde Gedanken und Erfahrungen in die eigenen einbeziehen etc.« ausdrücken kann, wird auch im Zusammenhang mit WPU näher zu diskutieren sein.

Um die Dimensionen des Selbständigen in der Grundschule zu skizzieren, werden nachfolgend Formen selbständigen

Lernens und Handelns beschrieben, die als typisch gelten; sie sind nicht systematisch aufgebaut, enthalten jedoch eine qualitative Steigerung.

Grundschulkinder gelten dann als selbständig,
- wenn sie ohne wesentliche Hilfe von seiten der Lehrerin oder des Lehrers selber Aufgaben lösen und die Lösung überprüfen (kontrollieren), dabei aber Hilfsmittel und Material/Materialien nutzen können;
- wenn sie ohne wesentliche Hilfe von seiten des Lehrers oder der Lehrerin in einer Unterrichtssituation aus vorgegebenen/vorhandenen Materialien die zu Aufgabenlösungen geeigneten/erforderlichen/notwendigen auswählen und entsprechend anwenden können;
- wenn sie gezielt Hilfe für ein von ihnen definiertes Teilproblem holen können (nicht:»Ich kann das alles nicht!«, sondern:»Genau hier komme ich nicht weiter!«);
- wenn sie in Unterrichtssituationen, in denen sie zur Lösung von Aufgaben Hilfsmittel oder Materialien brauchen, die nicht vorhanden sind, sich diese besorgen und die Aufgaben damit lösen;
- wenn sie über fremdgestellte Aufgaben hinaus eigene Ideen – durchaus auch im Sinne selbstgestellter Aufgaben – realisieren;
- wenn sie langfristig auf ein selbstgesetztes Ziel hin planen und handeln;
- wenn sie sich längere Zeit mit einem spezifischen Problem auseinandersetzen und sich im Rahmen dieses Problems/dieser Fragestellung Ziele oder Teilziele setzen bzw. sich Aufgaben stellen und sie dann verfolgen bzw. lösen;
- wenn sie zu fremdgestellten Aufgaben Distanz einnehmen und Alternativen auffinden können.

Dabei kann im Zusammenhang mit Selbständigkeit durchaus angenommen werden, daß nicht nur ein zielsicher erreichtes Ergebnis, sondern auch ein nicht direkt erfolgreicher Lernweg, ein sogenannter »Irrweg«, eine die Selbständigkeit durchaus fördernde Erfahrung sein kann.

Bei der Erörterung von Selbständigkeit und ihren Ausprägungen im Verhalten der Grundschulkinder muß letztlich auch noch eine spezifische personale Komponente des Unterrichts diskutiert werden, die – ähnlich den erschwerenden Bedingungen aufgrund des »heimlichen Lehrplanes« – eine nicht unerheblich erschwerende Bedingung für die zunehmende Selbständigkeit der Kinder werden kann und die schon Meyer implizit angedeutet hat (Meyer 1988, S. 56).

Selbständigkeit entsteht offenbar dort nicht, wo sie von seiten der Lehrer/-innen nicht erwartet bzw. nicht für möglich gehalten wird. Diese Erwartung, das Für-möglich-Halten, das durchaus als fächerübergreifendes Leitprinzip für unterrichtliches Handeln und Interagieren verstanden werden kann und für die Kinder in den schulalltäglichen Klein-Klein-Situationen erfahrbar wird oder nicht, lernen die Kinder als »Modell«, als Vor-Bild für ihr eigenes Verhalten gegen- und miteinander praktisch nebenher. D.h., sie lernen es zusammen mit anderen Lern-Inhalten. Dieses Mit-Lernen erscheint als bedeutsames Element der sozialen Dimension des Unterrichts (vgl. dazu Schulz 1989, S. 21ff.).

Kinder können demnach auch mit-lernen, daß Selbständigkeit von ihnen nicht erwartet wird, d.h. auch von den Erwachsenen nicht gewünscht wird.

Andererseits kann Selbständigkeit als Ziel zwar eingesehen und erwünscht sein, gleichwohl aber in ihrer Genese nicht wahrgenommen werden. Die Interaktionen zwischen Kindern und Erwachsenen können durch situative Umstände (z.B. zu viele Kinder in einer Klasse) so kompliziert und vieldimensional sein, daß auch für den Unterricht in der Grundschule ausgebildete Erwachsenen die oftmals sehr kleinen Schritte auf dem Weg zur *Selbständigkeit* nicht wahrnehmen und nicht in angemessener Weise darauf reagieren. Hinzu kommt, daß es Erwachsene »kränkt«, wenn sie z.B. im Unterrichtsablauf der Auffassung sind, alle sinnvollen ökonomischen (ersetzbar durch ergebnisorientiert) Denk- und Handlungsansätze und alle Schritte gewissenhaft und systematisch vor-bedacht zu haben und sich dann demgegenüber Selbständigkeit zeigt. Sie empfinden es als »störend« im Sinne ihres Planes und verhalten sich strategisch, d.h., sie wehren ab oder unterdrücken. Zum dritten fangen sich Erwachsene in einer sogenannten sozial-emotionalen »Falle«, insbesondere im Bereich der Grundschule.»Die Kinder sind ja noch so klein ... sie stehen ja erst am Anfang ...« Sie reagieren prinzipiell mit Überbehütung und fallen in allen oder in den meisten konkreten diesbezüglichen Beanspruchungen aus jener spezifischen und unverwechselbaren Erzieherrolle heraus, die ihnen mit Blick auf die Zielkategorie Selbständigkeit zukommen sollte.

4. Zustandsanalyse

Die aktuelle Diskussion um den WPU wird – wie in der einleitenden Problemskizze schon angedeutet und im Zusammenhang mit der Erörterung der Zielkategorie Selbständigkeit (als für den erziehenden Unterricht in der Grundschule maßgebend) erneut aufgegriffen – von einem expliziten Rückbezug auf die Reformpädagogik der 20er Jahre wesentlich bestimmt. Hagstedt spricht im Diskussionszusammenhang auch von »Begründungsanleihen bei Reformpädagogen« (Hagstedt 1987, S. 4ff.) und führt aus:

> »Zurückgeführt wird die Idee des Wochenplans auf diverse (!) Modelle aus dem 1. Drittel unseres Jahrhunderts, die momentan eine Renaissance erleben. Jede Schule, die heute zur Begründung des eigenen Programms ›ihren‹ Reformpädagogen hat, kann bei ihm schon nach kurzer Suche historische Wurzeln der Wochenplanerei ausgraben.«

Dieser Hinweis von Hagstedt auf »Begründung des eigenen Programmes« im Zusammenhang mit Schulen, die von Kollegium und Leitung als »Reformschule« benannt werden, deutet allerdings nicht an, daß es sich jeweils um systematische Weiterführungen von vorgefundenen Reformkonzepten handelt. Dies scheint auch für »Schulen mit reformorientiertem Programm oder Profil« (vgl. Wittenbruch 1989) oder für reformpädagogische und alternative Schulen in Europa zu gelten, die ihr pädagogisch-didaktisches Konzept mit dem Namen eines Pädagogen/Erziehungswissenschaftlers verbinden (vgl. Klaßen/Skiera/Wächter 1990). Er gilt offenbar auch nicht für

60

das »Marburger Grundschulprojekt« (Huschke/Mangelsdorf 1988, S. 10), das sich ausdrücklich nicht auf Reform-, sondern auf Regelschulen bezog.

Auch viele übrige, hier nicht einbezogene Veröffentlichungen mit derartigen Hinweisen erwecken den gleichen Eindruck.

Die bereits geäußerte Annahme, daß diese »Traditionslinien« vielfach gebrochen und allenfalls elementenhaft auffindbar sind, scheint sich immer wieder zu bestätigen.

Gleichwohl erscheint es dennoch zur Analyse des gegenwärtig in der Unterrichtspraxis vorfindlichen WPU erforderlich, den einerseits spärlichen, andererseits relativ unpräzisen Hinweisen auf seine Geschichte nachzugehen.

Die Absicht, diesen Hinweisen auf mögliche Rezeptionen von Konzepten bzw. Konzeptelementen, auf das Zusammenfügen einzelner, unterschiedlicher Konzeptelemente (Scheffer 1986, S. 71), auf die Adaptation von Konzepten bzw. Konzeptteilen und auf pragmatische Imitationen von Konzepten aus der Geschichte der Pädagogik mit Blick auf WPU nachzugehen, wird zusätzlich herausgefordert durch jene bereits mehrfach angedeuteten Tendenzen, die in der gegenwärtigen Reformdiskussion zur Grundschule sichtbar werden.

4.1 Rückgriff auf die Traditionslinien aus der Schulreformbewegung

4.1.1 Reformpädagogische Ansätze Maria Montessoris

Bei dem Versuch, historisch relevante Verbindungslinien im oben angedeuteten Sinne zwischen dem WPU und Ansätzen der Reformpädagogik zu ziehen, wird Maria Montessori, jene von 1870 bis 1952 lebende italienische Ärztin und Pädagogin, im Zusammenhang mit mehreren Prinzipien bzw. Leitideen und ihren schulpraktischen Ausprägungen genannt, die sich mehr oder weniger deutlich und in der Regel in »transformierter« Weise auch in heutigen Regelgrundschulen wiederfinden lassen. Es scheint, als ob Elemente aus ihrem pädagogischen Ideengut so weiterwirken, daß sie u.a. auch die Diskussion um den WPU mit beeinflussen. Meistens wird Montessori im Zusammenhang mit »Freier Arbeit« genannt, jenem reformpädagogischen Begriff, der – wie in der einleitenden Problemskizze schon angedeutet – gegenwärtig nicht unbedingt trennscharf gegenüber WPU gebraucht wird. Es versteht sich von selbst, daß mit dem Begriff »Freie Arbeit« zugleich andere Merkmale, wie Arbeitsmaterial, Klassenraumgestaltung, differenzierendes und individualisierendes Arbeiten etc., genannt werden.

»Bei Maria Montessori meint Freie Arbeit die freie Wahl aus den von ihr entwickelten Arbeitsmaterialien, mit denen die Kinder arbeiten. Diese Arbeitsmittel enthalten in sorgfältiger sachlicher und methodischer Abstufung das Programm der Bildung, das Maria Montessori in ihrer Pädagogik für Kinder entwickelt hat« (Meier/Mayer-Behrens 1988, S. 24ff.).

Die von ihr definierte und beschriebene Freie Arbeit entspricht einer erkennbaren »Grundtendenz« der freien Wahl aus einem bestehenden »Programm an Aufgaben und Übungsmitteln.«

»Die freie Wahl unter vorhandenen Arbeitsmitteln kann zu einem intensiven Übungsunterricht im oben beschriebenen Sinne führen. Frei ist aber nur die Wahl zwischen den vorgegebenen Mitteln und den in ihnen enthaltenen Aufgabenfolgen. Der Ertrag dieser Arbeit liegt in der individuellen Passung der Arbeit, der zeitlich individuellen Gestaltung von Sachwahl und Aufgabenfolge und ihrer hohen Intensität im Rahmen der gebotenen Arbeitsmöglichkeiten« (Meier/Mayer-Behrens 1988, S. 24ff.).

Ihre »Autonomie der Persönlichkeit«, die Individualisierung, differenziertes Arbeiten und freie Wahl der Arbeitsmittel bedingt, d.h. unterrichtspraktisch Freie Arbeit, Material und »vorbereitete Umgebung« (Oswald 1967, S. 64ff.), kann nicht ohne kritische Reflexion mit der oben erörterten Zielkategorie Selbständigkeit zusammen gesehen werden. Auch die im Kontext der »Autonomie« genutzten Begriffe für die unterrichtspraktischen Folgen unterscheiden sich hinsichtlich ihrer Begriffsfüllungen von denen, die gegenwärtig – etwa in der Diskussion um WPU – üblich sind. Beispielsweise können »vorbereitete Umgebung« und Klassenraum als »Lernort und Erfahrungsraum« (Calliess 1979, S. 64ff.) zwar ähnliche äußerliche Merkmale aufweisen, aber auf völlig verschiedenen anthropologischen, sozialpädagogischen und lerntheoretischen Grundlagen beruhen.

Wenn etwa dann – wie dies bei zumeist flüchtigen Hospitationseindrücken von nicht in Montessoripädagogik ausgebildeten Lehrern oder Lehrerinnen geschieht – in Montessori-Klassen Freie Arbeit, die Vielfalt der Montessori-Materialien, in offenen Regalen gut geordnet, leicht zugänglich und »gut vorbereitet«, sowie die Selbständigkeit der arbeitenden Kinder, die Differenziertheit des Arbeitens (»In einer Momentaufnahme beobachte ich 18 unterschiedliche Aktivitäten«) und die der Lehrerin stets wichtige Individualität beschrieben werden (Popp 1985, S. 65f.), dann kann es durchaus sein, daß daraufhin nur eine Ebene oberflächlich wahrgenommener Unterrichtsmerkmale dargestellt werden kann. Nur auf dieser Ebene lassen sich dann Freie Arbeit, Arbeitsmaterial, Arbeitsecken, Individualisierung etc. miteinander vergleichen, obwohl sie eigentlich aus verschiedenen Erziehungskonzepten stammen· bzw. arrangiert worden sind.

Wie bei Montessori, war auch bei den anderen Reformpädagogen die Regelung von schulischer Freiheit und (Schul-)Gesetz in ihrem Wechselspiel das Kernproblem.

Die vorgegebenen Freiheitsgrade – es handelt sich in der Tat nur um graduelle Freiheiten, die zudem »eingeräumt«, »zugelassen« worden sind – in Auswahl, Tempo und Wechsel wurden durch unverrückbare Regelungen (Gesetze) eingegrenzt:

Jedes Kind »konnte nicht willkürlich mit dem Material herumspielen«. Hätte es dies versucht, »wäre die Erzieherin an seine Seite getreten, um dem Kind durch Vormachen und Nachahmenlassen die Aufgabe näherzubringen, *die dem Material innewohnt*« (Hervorhebung: d.Verf.). Freisetzungen anhand offenen und vieldimensionalen *Materials:* undenkbar. »Spiele mit beliebigem Spielzeug oder *wahlloses* Herumlaufen, Tändeln waren nicht gestattet. Ein Kind, das dazu neigte, hätte man von den anderen isoliert als einen ›noch ungeordneten Fall‹, dem sich die Erzieherin wiederum besonders gewidmet hätte, geduldig wie bei einem ›Kranken‹« (vgl. Montessori 1928).

Alle Bewegungen im Raum, um etwa neues Material aus dem Regal zu holen oder benutztes zurückzulegen, waren zwar frei, aber gleichwohl an der arbeitenden Gemeinschaft der anderen orientiert, eingeordnet in die durchgesetzte Arbeitsstille.

Alle Vertreter der Arbeitsschule sahen die Regelung von schulischer Freiheit in (Schul-)Grenzen als Kernproblem.

Gaudig forderte zwar: »Der Schüler bedarf keiner Fremdeinwirkung, um den Antrieb zur Tätigkeit zu gewinnen ... er bedarf nicht der Wegführung, damit er den Weg zur Lösung einer Aufgabe findet.« Diese Forderung ergänzt und begrenzt er aber deutlich, wenn er zugleich verlangt, daß alle Schüler »Methode« haben müßten und in »planmäßiger Einschulung« bestimmte »Arbeitstechniken« erwerben, d.h. eigentlich »Arbeitstechniken« *vor* der Arbeit »einüben«. Erst nachdem jedes Schulkind regelrecht »geübt« ist, können Lehrerin oder Lehrer zurücktreten: Der Lernweg ist vorbereitet und gesetzt, bei »Abirrungen« wird interveniert.

Gaudig hält das »Eingreifen des Lehrers für nötig«, solange ein »Arbeitsverfahren noch nicht ganz beherrscht wird«, auch »Heimischwerden im Stoff« setzt er voraus, »ehe die Arbeit völlig frei wird« (Gaudig 1930 S. 77ff.).

Mit dem kurzen Einwand, daß Gaudig diese Forderungen und Ansätze für das von ihm geleitete Gymnasium formulierte, soll angemerkt werden, wie schwierig eine unhistorische und unkritische Übertragung auf den Bereich der Grundschule sein könnte, die – durchaus auch »im Dienste der werdenden Persönlichkeit« – von Anfang an *strukturkonvergente Formen* eines an der Zielkategorie Selbständigkeit orientierten Unterrichts sucht und sich dabei auf Reformpädagogen beruft.

Gaudig setzt ganz offenkundig auf mehr direkte und dominante Führung durch den Lehrer (wohl zum freien Lernen hin) als Montessori: Sie setzt auf den behutsam-verborgenen Einfluß der ins Material eingearbeiteten Methode, die jedoch nicht an die Kinder weitervermittelt wird, da sie ihrer nicht gewahr werden.

Gaudig und Scheibner treten unter dem Anspruch von Freiheit und Bindung an (vgl. Scheibner 1963, S. 19); im voraus gesetzte Regeln und Bedingungen sollen das »Hervordrängende« (Gabele) in den Schülern binden, ja bannen, »damit es nicht in Chaos und Willkür entgleitet« (offenbar ein ewig wirkendes Argument in jeder Schuldiskussion), und zugleich ein direktes Eingreifen während der schulischen Arbeit unnötig machen, sobald die Regeln und Bedingungen wirken.

Die Regeln und Bedingungen des schulischen Lernens unter der Maßgabe graduell vorgegebener Freiheit sollen in den Schülern »das Gefühl erzeugen, sich in einem freien Raum zu bewegen, Eigenes zu entwerfen und selbständig zu sein« (Gabele 1968, S. 17).

Auch Kerschensteiners Sicht und Begriff von Freier Arbeit bezieht sich darauf, eine »Sache möglichst gut zu verwirklichen«, und auf die »innere Nötigung zur Selbstprüfung im erzeugten Gute« (Kerschensteiner 1963, S. 37), d.h. auf einen sachgerechten, dem Auftrage entsprechenden Arbeitsweg, den eine Selbstkontrolle beendet.

Offen bleibt bei allen zitierten Ansätzen immer, inwieweit es den Kindern gelingt (und hierbei wird an die Grundschulkinder an den gegenwärtigen Grundschulen gedacht), die Arbeitstechniken zu erwerben und anzuwenden, die Bedingungen und Regeln zu beachten und zu befolgen.

Gabele kommt zu folgender nüchtern zu nennender Einschätzung:

»Überprüfen wir das, was Montessori und die Vertreter der Arbeits-schule gemeinsam betonen, die freie Arbeit, so ist festzustellen: Der Lehrer tritt zurück, der Schüler, auf sich allein gestellt, arbeitet nach einem Weg, der ihm vertraut ist durch Vorerklärungen und Übungen (Gaudig, Kerschensteiner) oder durch bestimmte Anweisungen im Material (Montessori). Er wird bei jedem Abirren durch die anderen Schüler, durch das Mittel, in krassen Fällen auch durch den Lehrer berichtigt. Was ist hierbei noch frei? Nur das Gefühl des Schülers, sich allein fortzubewegen, nichts weiter! Er fühlt sich weniger beaufsichtigt und gegängelt, da man ihm die Zeit läßt, den Weg (das Material) zu wählen, im eigenen Tempo zu arbeiten und seine Leistung ohne Hilfe von außen zu kontrollieren. Selbst sich fortzubewegen, und sei es auch in ausgefahrenen Wegen oder Geleisen, selbst das Tempo bestimmen zu können, ist etwas so Atemberaubendes gegenüber dem bloßen Geschoben- und Gefah-renwerden, daß man von hier aus den neuen Schwung ermessen kann, den eine freie Arbeit, genauer: eine Arbeit, bei der man sich frei fühlt, von allem abhebt, was der Schultradition an Arbeit bis zum Beginn der Pädagogischen Bewegung geläufig war« (Gabele 1968, S. 18).

Die demokratisch-offene Schule mit der Grundschule als er-ster Stufe muß prinzipiell jedoch von anderen Grundannah-men ausgehen als die Montessori-Pädagogik.

Wenn sich die Schule aufgrund unterschiedlicher Lernge-schichten der Kinder auf ganz unterschiedliche Verstehens-ebenen einlassen und versuchen muß, zunächst das zu verste-hen, was sie von ihrer Welt verstehen, um von dort aus Prozesse eigenständigen Denkens durch Auseinandersetzungen mit verpflichtend vorgegebenen *wie auch* frei wählbaren Lernge-genständen anzuleiten, dann ist das nur vorstellbar in einem sehr variablen Gefüge von unterschiedlichen, nebeneinander-her verlaufenden Lernakten, und zwar sowohl anhand eindeu-tig vorstrukturierten *wie auch* vieldimensionalen Lern- und Arbeitsmaterials in genau definierten Lernsituationen mit be-grenzten Alternativen *wie auch* offenen Lernsituationen mit zahlreichen Alternativen.

Kinder lernen nicht nur anhand genau vorstrukturierten Materials, sondern suchen auch eigenständige Zugänge, stellen eigenständige Beziehungen, d.h. nur für sie selbst bedeutsame Beziehungen, zu Gegenständen des Lernens her, sammeln für sich selbst neue Erfahrungen, oft auch unerwartete, fügen sie in subjektive Sinnzusammenhänge ein, prüfen sie im praktischen Tun und lernen auf diese Weise auch, Verantwortung für ihr Lernen zu übernehmen.

Demgegenüber sind Freie Arbeit und Lernen an Material in der Definition Maria Montessoris vor dem Hintergrund ihrer Erziehungslehre zu sehen, die »Entwicklungsmaterial« für die »Entbindung« der »inneren Baupläne« der Kinder bereitstellt. Diese Variante der Pädagogik »vom Kinde aus« bedingt einerseits logischerweise ein Zurücktreten der Erwachsenen im Unterricht, die den Kindern *nur* helfen sollen, ihren »vorbestimmten« Weg zu finden (sich ihnen nicht »in den Weg« zu stellen), andererseits aber eine »vorbereitete Umgebung« mit vorgegebenen Material (so man das angemessene, dementsprechende Material gefunden zu haben »glaubt«) mit faktisch stark reduzierten Wahl- und Handlungsmöglichkeiten.

Das »Freilassen« in eine »vorbereitete Umgebung« mit reduzierten Alternativen, sorgfältig durchdachtem, wenn auch eindimensional und »geradlinig« strukturierten und nicht mehr fragwürdigen Material sowie sorgfältig durchdachter Raumgliederung entspricht eher einer dogmatisch im voraus festgelegten Lehr-Lern-Strategie.

Diese Lehr-Lern-Strategie ist nicht jener Zielkategorie Selbständigkeit verpflichtet, von der her die Heranwachsenden letztlich zur Übernahme der Verantwortlichkeit für ihr (lebenslanges!) Lernen angeleitet werden.

Das Beispiel des ohne Ausnahme und ohne Alternative vorgegebenen Materials mit den in ihm »verborgenen Methoden« zeigt, daß die Kinder letztlich für ihr Lernen nicht verantwortlich werden *können*.

Eine direkte, den Erziehungsgrundlagen Montessoris präzise folgende Beeinflussung der gegenwärtigen Schulpraxis ist nur in den Montessori-Schulen festzustellen; in den Regelgrundschulen ist der Bekanntheitsgrad der Montessori-Pädagogik hoch.

Jedoch entsprechen behauptete Auswirkungen und direkte »Begründungsanleihen« einer oberflächlichen Betrachtung von ähnlichen Erscheinungsbildern, die nicht auf faktisch zugrundeliegende Erziehungsgrundsätze überprüft worden sind. Für WPU kann die Montessori-Pädagogik nicht in Anspruch genommen werden; allenfalls – aber im weitesten Sinne – könnte eine Art *Wahlpflicht* unter vorgegebenen Möglichkeiten mit eng begrenzten Alternativen mit der Montessori-Pädagogik in Verbindung gebracht werden. Mit dieser *Wahlpflicht* währe im übrigen auch die Freie Arbeit Montessorischer Ausprägung genauer charakterisiert.

4.1.2 Reformpädagogische Ansätze von Helen Parkhurst (Dalton-Plan)

Bei der Benennung von »Traditionslinien«, die der WPU vermeintlich oder tatsächlich weiterführt, fehlt nicht der Hinweis auf die Dalton-Plan-Schulen, die auf Helen Parkhurst zurückgehen, und zwar auf »verwandte Entwicklungen« und auf »Methoden«, die »ähnlich denen des hier beschrieben WP« (Huschke/Mangelsdorf 1988, S. 10) sind.

Die nordamerikanische Lehrerin Helen Parkhurst (1887 bis 1973) erlebte zunächst acht Jahre lang den Notstand einklassiger Dorfschulen, in denen sie den Unterricht dieser alters- und begabungsmäßig stark heterogenen Gruppen bewältigen mußte (Skiera 1990, S. 14; vgl. auch Russ 1968, S. 176ff.).

Die Abkehr vom sogenannten Klassenunterricht resultiert aus dieser Zeit. Als Lösung für dieses Problem praktizierte sie das didaktische Prinzip der Eigenständigkeit anhand von Beschäftigungsmaterial in sogenannten Gegenstandswinkeln oder »subject corners«, in denen sich nicht Gleichaltrige, sondern ähnlich begabte und interessierte Kinder zusammenfanden. Diese Leitidee hatte Helen Parkhurst in ihrer eigenen

Ausbildung übernommen und zwecks stärkerer Individualisierung praktiziert.

Bei Maria Montessori in Rom studierte sie mehrere Jahre lang deren didaktische Materialien, erhielt wesentliche Anregungen und übertrug sie auf einen Schulversuch in Dalton (Massachusetts), dessen Leitung sie 1919 übernahm und bis 1942 fortsetzte. In ihrem Hauptwerk »Education on the Dalton Plan« (New York 1922), das später international weite Verbreitung fand, beschrieb sie insbesondere die schulische Praxis. Sie beschreibt eine Schule, die nach Skiera auf »wenige zentrale Prinzipien« zurückgeht.

Die tradierte Einordnung der Kinder nach Lebensalter in Klassen (Einschulungszeitpunkt als Richtmaß) wird durch Gruppierungen nach Begabung, Interesse und Neigung ersetzt, die überdies Lernprogressionen im individuellen Rhythmus zulassen und gleichschrittigen Unterricht strikt ausschließen. Konkret heißt dies *Einzelarbeit* in einem vorgeordneten Lernsystem, das Helen Parkhurst selbst als »free work« bezeichnet, d.h. – in moderner Interpretation – unabhängig von dominanter und enger Führung durch Lehrer oder Lehrerin.

»Free work« wurde durch schriftlich ausgearbeitete Aufgabenstellung und Arbeitsanweisungen (»assignments«) relativ systematisch gesteuert und durch die oben erwähnten Gegenstandswinkel, Laboratorien und Fachräume mit vielfältigem Material (das nicht die »strengen« Grundsätze Montessoris übernahm) möglich gemacht.

Im Zusammenhang mit den »assignments« ist hervorzuheben, daß es ein Mindest-, Mittel- und Höchstprogramm gab, in das sich Kinder aufgrund von Beratungen durch die Lehrkräfte einwählen (wohl genauer: einordnen lassen) konnten, in dem sie dann eine Art von Schwerpunktsetzung vornehmen konnten (ebenfalls aufgrund einer Beratung durch die Lehrkräfte, die sie auch bei der Entwicklung von Neigungen unterstützen sollten) und das sie dann in individuellem Lerntempo nutzten.

Dieser als *Selbstunterricht* bezeichnete Prozeß folgte – wie weiter unten noch aufzuzeigen sein wird – bestimmten methodischen Schrittfolgen bis hin zur Selbstprüfung bzw. Selbstkontrolle. Die Montessori-Schülerin Helen Parkhurst betonte immer nachdrücklich, daß sie ihre Methoden nicht zu einem »starren Gebilde«, zu einer »für jede Schule passenden Form machen wollte.«

Sie war vielmehr der Auffassung, daß ihre pädagogischen Prinzipien gemäß den »Ansichten der Lehrer und den Verhältnissen in der jeweiligen Situation« entsprechend »abgewandelt bzw. unterschiedlich akzentuiert werden« konnten (Skiera 1990, S. 14).

Angemessen gedeutet kann diese von ihr gewünschte Übertragung ihrer Prinzipien auf andere *Rahmenbedingungen* und auf andere *Pensen* (sprich: Lehrpläne) nur heißen, daß der von ihr entwickelte und so genannte *Selbstunterricht anhand bestimmter methodischer Schrittfolgen und aufgrund der schriftlich vorliegenden »assignments« bis hin zur Selbstprüfung und Selbstkontrolle* unabhängig von inhaltlichen Zielsetzungen jeweils auf *drei Niveauebenen* praktiziert werden könnte.

Während sich bei Maria Montessori im wesentlichen Lernen anhand ihres vorgespurten Materials vollzieht, sind bei Helen Parkhurst im wesentlichen schriftliche Anweisungen typisch, um den individuellen Lernweg bzw. die individuelle Lern- und Arbeitsprogression vorzuspuren und damit zugleich festzulegen: Material wird durch spezifische, didaktisch gestaltete, kleinschrittig aufgebaute Texte und zugeordnete Bilder ersetzt. Der gedankliche Weg ist durch genaue Erklärungen und Anweisungen (assignments) bis hin zur Selbstkontrolle vorgezeichnet.

Parkhurst folgt hier zwar der zentralen reformpädagogischen Leitidee der *Freien Arbeit*, allerdings aus ihrer spezifisch epochaltypischen Sichtweise heraus, daß nämlich die Zielsetzungen des Lernens *eindeutig* vorgegeben sind (Lehrplan, »Pensum«), allerdings dem erwünschten und stets als vorhan-

den unterstellten Streben jedes Schulkindes zu diesen Zielen hin »ein möglichst weiter Spielraum gewährt« wird (Gabele 1968, S. 24).
Dieser »möglichst weite Spielraum« kann folgendermaßen gekennzeichnet werden:

- individuelles Lerntempo, d.h., jedes Kind bestimmt selbst, wie schnell oder wie langsam es lernen will (kann);
- freie Bewegung im Klassenraum, d.h., jedes Kind sucht sich den ihm genehmen Arbeitsplatz (situationsspezifisch) und -partner;
- eine relativ freie Wahl der Lehrgänge, d.h., jedes Kind kann von sich aus bestimmen, wann es welchen Lehrgang bearbeiten möchte;
- freie Wahl der Niveauebene;
- Lehrerin oder Lehrer fungiert – im Kontext der »assignments« – überwiegend als Beobachter/-in und Berater/-in, treten also als Vermittler/-in in den Hintergrund.

Als erstes Fazit läßt sich folgendes ziehen: Im Gegensatz zu einem lehrerzentrierten, d.h. eng geführten, überwiegend frontal ausgerichteten Unterricht mit vorgegebenen Zeit- und Progressionsnormen können die Kinder tatsächlich *im Rahmen der gesetzten Bedingungen* individuell vorankommen.

Es wird aber dabei deutlich – und dies wären erste kritische Anmerkungen –, daß weder eine eigenständige Auseinandersetzung mit unterschiedlichen Lerninhalten bzw. -gegenständen (die zudem alle über den gleichen didaktischen »Kamm geschoren« werden) stattfinden noch ein persönlich-individueller Zugang zu ihnen gefunden werden kann. Eine »Lösung von der Vorschrift« und eine Zunahme von Selbständigkeit sind aus dem Programm nicht erkennbar. Der geradlinig vorgegebene Plan läßt dies nicht zu; er läßt zwar oben charakterisierte Freiheitsgrade zu, favorisiert aber den direkten Weg zum Ziel, und zwar bei allen Lern-Sachen, und auch die exakte, sachbezogene Kontrolle, die ihm genau entspricht.

Im Zusammenhang erscheint die kritische Position Gabeles (1968, S. 24) wichtig, der darauf hinweist, daß bei einer graduellen Verstärkung dieses methodischen Weges der »geradlinigen Lernspur« und einer ebensolchen Verfeinerung des »individuellen Lernfortschritts durch eine lernpsychologisch konstruierte Exaktheit der Einzelschritte« auch ein »Behalten« gefestigt würde, und zwar durch wissenschaftlich begründbare »Wiederholungs- und Einprägungsmaßnahmen«. Er fährt an dieser Stelle fort: »... und bringt man alle diese Verbesserungen in eine einfache Norm des Lernens, die ohne lange Vorbereitung von jedem Schüler sofort begehbar ist, so nähert man sich auf diesem Wege dem *Lernprogramm.*«

Er bezieht sich dabei auf eine Definition Corrells, »ein Programm sei ›ein Lehrstoff‹, so dargeboten, daß ›Lernen ohne Hilfe des Lehrers oder eines weiteren Hilfsmittels vollzogen werden kann‹« (Gabele 1968, S. 25), und verknüpft diesen Gedanken aus einer kritischen Position heraus mit Skinners Thesen zum programmierten Unterricht bzw. mit einer Warnung vor dem Instrument des *Individualisierens,* um Menschen bzw. menschliches Verhalten »nach Belieben zu formen«. Von daher gesehen ist sein Hinweis auf die dazu konträre Zielsetzung der Reformpädagogik nützlich und erhellend: Individuelles Lernen in geradlinig vorgegebenen Bahnen entspricht ihnen nicht.

Der Dalton-Plan erweist sich letztlich als ein spezifisch methodisch gestalteter Lernweg, bei dem alle Kinder das sogenannte Pensum, d.h. die Anforderungen ihrer jeweiligen Lehrpläne (siehe unterschiedliche Niveau-Ebenen), auf – angenähert – freie Art und Weise und auch in eigener Verantwortung ausführen (vgl. dazu Schwerdt 1952, S. 173ff.; und Steinhaus 1925).

Spätestens an dieser Stelle werden Ähnlichkeiten mit dem gegenwärtigen WPU unverkennbar deutlich, insbesondere hinsichtlich des praktizierten Pflichtanteils der Wochenarbeitspläne (sofern nicht überhaupt WPU weitgehend aus Pflichtanteilen besteht – eine vorläufigen These, die im Zusammenhang mit einem situierten Definitions- bzw. Abgrenzungsversuch aufgegriffen werden muß).

Da jedoch die relativ freiere Organisation dieses »Selbstunterrichts« nach dem Dalton-Plan stets den Lehrplänen (als Teilen eines gesamten Lehrplanes) untergeordnet wird, soll zunächst in folgendem dieses für den Dalton-Plan unverwechselbar typische Lehrplan-System näher beschrieben werden.

Die Lehrpläne für die meisten Fächer (nicht Religion, Singen und Turnen) wurden *rationalisiert*, für jede Unterrichtsstufe ausgearbeitet und in zehn *Kontrakte* (je ein Pensum für die zehn Monate des einzelnen Schuljahres) unterteilt. Grundgedanke des Lehrplansystems sind diese Kontrakte, d.h. Abmachungen, die die Schule praktisch mit den einzelnen Kindern schließt. Die Kinder werden praktisch »in die Pflicht genommen«; die Abmachungen verpflichten die Kinder zum Lernen; die Reihenfolge der Lerninhalte entscheiden die Kinder selbst. Damit bewegt sich Parkhurst durchaus im Kontext der Reformpädagogik; auch Gaudig und Kerschensteiner redeten von der Pflichthaltung der Kinder bei der Arbeit. Allerdings ist ihre – aus dem Erwachsenenleben entliehene – Form des konkreten »Vertrages« zur pflichtgemäßen Erledigung der Schularbeit ihr originaler Beitrag.

Jeder monatliche Kontrakt (d.h. der darin angewiesene Lernstoff) ist dann in vier Abschnitte unterteilt; sie entsprechen dem wöchentlichen Lernstoff. Der wöchentliche Lernstoff ist aufgrund von Erfahrungswerten so bemessen, daß ihn ein »normaler« Schüler bewältigen kann. Es kann mit Blick auf die Thematik dieser Arbeit angenommen werden, daß insbesondere diese monatlichen und wöchentlichen Lernstoffzumessungen sowie der Kontrakt-Charakter im weitesten Sinne in die Überlegungen zum WPU eingeflossen sind. Von daher erscheint auch die anfänglich zitierte Begründungsanleihe bei Parkhurst für den WP durchaus berechtigt. Vor allem erscheint in der gegenwärtigen WPU-Praxis der Kontrakt, d.h. die Abmachung über die im Wochenarbeitsplan zu erledigenden Aufgaben zwischen Lehrer oder Lehrerin als Repräsentanten des öffentlichen Lehrplans und den Kindern, als markantes Merkmal.

Um jedoch zu einer notwendigerweise differenzierteren Einschätzung dieser Traditionslinie zu gelangen, soll nach dem kurz gekennzeichneten Lehrplan-System nunmehr die davon abhängige schulpraktische Organisation skizziert werden. Sie ist anhand von drei Begriffen näher zu kennzeichnen: *Pensenbücher, Fach-Laboratorien und spezifische Kontrollformen.*

Am Schuljahresanfang erhält jedes Kind für jedes individualisierte (»daltonisierte«) Fach eine Broschüre mit der Zusammenfassung jenes Lernstoffes (Anweisungen, Aufgaben – aufgeteilt in monatliche bzw. wöchentliche Pensen), den es sich im Laufe des Jahres anzueignen hat. Jedes Pensum enthält eine bestimmte Anzahl von Arbeitseinheiten, die ganz konkret so benannt werden, z.B.»1 Tagesarbeit oder 2 Tagesarbeiten«.

Anhand dieser Broschüre kann jedes Kind – durch Beobachtung und Beratung der Lehrkräfte unterstützt – auf die ihm gemäße Weise voranschreiten.

Die Räume in der Schule werden nicht mehr für einzelne Klassen, sondern für jeweils ein bestimmtes Fach eingerichtet (subject rooms); ihnen wird jeweils ein spezialisierter Fach-Lehrer zugeordnet. Alles, was die Schule an Unterrichtsmaterialien, Sachbüchern, Nachschlagewerken, Medien und Hilfsmitteln für dieses Fach besitzt, wird in dem dafür bestimmten Raum zusammengefaßt. In jedem dieser Fachräume arbeiten dann Kinder jeden Alters.

Dieses System verlangt eine strikte Kontrolle. Sobald ein Schüler einen Abschnitt seines Pensums beendet hat, läßt er sich kontrollieren. In der Schülerkarte mit täglichen und wöchentlichen Einteilungen trägt die kontrollierende Lehrkraft das Ergebnis ein; ein ansteigender, vertikaler Strich zeigt den Lernfortschritt jedes Kindes an. Mit einer zweiten Karte ist es zusätzlich möglich, jederzeit bei jedem Kind die Stelle festzuhalten, an der es sich im Fach befindet. Auf beiden Karten (es gibt noch weitere) ist es jeweils möglich, das mehr oder weniger schnelle Vorankommen oder auch das Zurückbleiben anhand der aufgestellten »normalen« Normen festzustellen.

Gegenüber dem im starren Klassenverbande der »alten Schule« erteilten Unterricht, aus dessen kritisch überprüften Erfahrungen sich auch der Reformansatz des Dalton-Planes auf der Suche nach einer Schule »nach Maß« begründet, hat die beschriebene Schul-Organisation eine Reihe von Vorteilen, die bis heute in amerikanischen, englischen und niederländischen Schulen zur Akzeptanz des Dalton-Planes beitragen. Sie sind teilweise mit Blick auf die relativen Freiheitsgrade bei dem individuellen Lernen bereits genannt worden. Insoweit folge ich dem Vorschlag Schwerdts nach »verstehender Kritik« (Schwerdt 1952, S. 194).

Aus heutiger Sicht müssen andererseits eine Reihe von Kritikpunkten benannt werden.

– Die auf spezifische Weise rationalisierten Lehrpläne folgen einer entschieden intellektualistischen Auffassung vom Lernen und zielen vor allem auf die Aneigung von Kenntnissen; sie sind mehr am Lernstoff bzw. »Bildungsgut als am Kinde ausgerichtet.« Dieser Kritikpunkt Schwerdts wiegt offenkundig besonders schwer, weil er von einem kritischen Betrachter der reformpädagogischen Schulszene geäußert wird, der sich an anderer Stelle wie folgt äußert: »Der Lehrplan der Dalton-Schule sieht demnach wesentlich anders aus als jener einer psychologistischen Gegenwartsschule, wo *das kindliche Interesse Götze und Diktator geworden«* ist (Schwerdt 1952, S. 194).

– Die starke Zielgerichtetheit und die Didaktik des geradlinigen Weges zum Ziel erlaubt nur eine begrenzte Selbständigkeit im Rahmen der Pläne und ihrer Inhalte, nicht darüber hinaus und nicht daneben. Die strikte Führung durch die Lehrkräfte ist praktisch in die Anweisungen (assignments) gewandert, die vor den Kontrakten mit den Kindern von Lehrkräften erarbeitet worden sind. Diese Führung ist stofflich orientiert, und der »Selbstunterricht«

bewegt sich von der »klaren Aufgabenstellung über methodische Winke zur Stufe des anschaulichen Erarbeitens. Er verweilt im vertieften Verstehen und endet in Anwendungen.« Die methodischen »Winke« dienen nicht dazu, den Kindern Methoden zu übereignen, sondern dazu, das vorgegebene Ziel direkter zu erreichen.

– »Daltonisierter« Unterricht läßt keine Interessen und Bedürfnisse von Kindern zu. Alles, was in den Fachräumen passiert, basiert auf *vorab* formulierten und gedruckten Anweisungen. Sie entsprechen zwar (siehe »Selbstunterricht«) rationalen methodischen Überlegungen, bleiben aber auf Jahre hinaus gleich. Anpassungen, Aktualisierungen, Änderungen, Abwechslungen sind nicht vorgesehen. Dies erscheint als vollständige Mechanisierung (»Taylorisierung«) des Unterrichts.

– Die schriftliche Kommunikation zwischen den Kindern und den Lehrpersonen überwiegt bei weitem. Dies deutet darauf hin, daß die soziale Komponente des Unterrichts kaum zur Kenntnis genommen wird; noch schwerer wiegt, daß die Kinder als *soziale Wesen* im Verhältnis zu ihrer so stark hervorgehobenen Individualität im Unterricht vernachlässigt werden. Schwerdt benennt es klar: »Hier liegt eine Schwäche der Parkhurstmethode« (Schwerdt 1952, S. 196).

Parkhurst befürchtete selbst, »daß durch die in ihrem System sehr stark betonte Einzelarbeit der individuelle Bildungsfaktor überkultiviert werden könnte« (Schwerdt 1952, S. 196).

Folgendes Fazit läßt sich ziehen: Im Gegensatz zur Montessori-Pädagogik gilt der Dalton-Plan von Parkhurst (auch mit Blick auf die eingangs dieses Abschnitts genannte Begründungsanleihe von Huschke und anderen) als weniger bekannt. Die vermutete Wirkung auf die Grundschulreform kann nur – in stark vermittelter und indirekter Weise – von den Niederlanden und von den anglo-amerikanischen Ländern ausgegangen sein bzw. über Kenntnisse aus der Geschichte der Pädagogik das sich in den 70er Jahren entwickelnde Konzept des

WPU erreicht haben, denn darin finden sich *einige überraschend ähnliche Merkmale* bzw. tauchen in der aktuellen Diskussion um den WPU *ähnliche Fragestellungen* auf.

Mit dem Dalton-Plan wird Individualisierung»auf die Spitze getrieben«; für eine demokratisch verfaßte Schule kann eine derartige Ausblendung der sozialen Dimension jeglichen Lernens nicht akzeptiert werden. Die Warnung Gabeles vor der Nähe zum Lernprogramm steht in diesem Zusammenhang. Die Frage der graduellen Freiheit der Lernenden im Unterricht (und in diesem Zusammenhang auch die Frage einer »Öffnung« des Lernens) muß ebenfalls hervorgehoben werden. Das eingangs genannte Merkmal der »Auflockerung des Klassenverbandes« (das seinerzeit den zu Besuch in England weilenden Niederländern so gut gefiel), das auch stets im Zusammenhang mit WPU als durchaus positiv benannt wird, gibt allein für sich genommen nicht genügend Aufschluß über den Gesamtzusammenhang, der von Parkhurst »free work« benannt wird, sich aber bei genauerer Analyse als strikt vorgeordnetes Lehr-Lern-System erweist, wobei der Begriff »Selbstunterricht« wohl so zu verstehen ist, daß jeder Schüler und jede Schülerin anhand der »assignments« und des ebenfalls vorher vorbestimmten Materials (siehe dazu insbesondere Steinhaus 1925) selbst das liest und bearbeitet, was sonst, d.h. in »der alten Schule« Lehrerin oder Lehrer allen gemeinsam vorgetragen bzw. mit ihnen »durchgenommen« hätten. Der Handlungsspielraum, d.h. die graduelle Freiheit der Lernenden, ist genau beschreibbar; er bezieht sich nicht auf die genau vorbedachten Lehrpläne. Auch hier – nur in anderer Qualität als bei Montessori – treffen die Kinder auf eine »vorbereitete Umgebung« mit stark reduzierten Lern-Alternativen mit dafür ausgesuchtem Material (in »subject rooms«). Die eindeutige Führung des gesamten Unterrichts liegt – mehrfach dimensioniert – in den »assignments« und einer – auf geradliniges und rationalisiertes Erreichen der Zielsetzungen in den Arbeitseinheiten (Tagesarbeiten), Wochen- und Monatspensen (Kontrakten) eingestellten – Beratung durch Fachpersonal.

Dabei geben zudem die »assignments« eine typische methodische Schrittfolge vor, die von den Lernenden weder verändert noch anhand der »assignments« als wachsende persönliche Fähigkeit (Lernen, wie man lernt) erworben werden können. Hier stellt sich besonders deutlich die Frage nach der zunehmenden Selbständigkeit.

Ein WPU, der, mit Lehrbüchern eng gekoppelt, einen übers Jahr verteilten Lernstoff gewissermaßen wöchentlich »portioniert« verbindlich vorgäbe, oder ein WPU, der, engen Zeitvorgaben eines Lehrplanes folgend, ähnliche Zeitvorgaben wie die »Arbeitseinheiten« zur Norm setzte und eine Konstituierung von Wochenarbeitsplänen im Aushandlungsprozeß zwischen Lehrern und Kindern ausschlösse, käme dem Dalton-Plan relativ nahe.

Insofern – das wird an dieser Stelle schon deutlich – ist WPU durchaus abhängig von der jeweils damit in Verbindung stehenden Lehrplan-Struktur (geschlossener mit engen oder offener mit weiten Handlungs- und Entscheidungsspielräumen für Lehrkräfte wie Kinder) und von dem Verständnis von Lernen, Aneignung und Kommunikation.

Andererseits sind als besonders interessantes und auch zukunftsweisendes Merkmal der verpflichtende und damit die Verantwortung über eigenes Lernen einschließende Aspekt des Dalton-Planes festzuhalten und der grundsätzlich bedeutsame (wohl auch in völlig anderer Ausprägung mögliche) Weg des Schließens von Kontrakten zwischen Lehrerinnen, Lehrern und Kindern.

4.1.3 Reformpädagogische Ansätze von Peter Petersen (Jena-Plan)

Die weitaus meisten Hinweise auf reformpädagogische Traditionslinien, die auf den gegenwärtig praktizierten WPU einwirken könnten, verbinden sich mit dem Namen des Schulreformers Peter Petersen.

»Die Begriffe ›Selbsttätigkeit‹, ›Selbststeuerung‹, ›entdekkendes Lernen‹, ›Projektmethode‹, ›innere Differenzierung‹, ›Offener Unterricht‹ sind nicht erst in den letzten Jahren in der Schulpädagogik aufgetaucht. Spätestens in der sog. Reformpädagogik der 20er Jahre unseres Jahrhunderts wurden sie Gegenstand theoretischer Erörterungen und praktischer Reformversuche. U.a. hat Peter Petersen mit seinem Jena-Plan jene Leitideen in seiner Jenaer Universitäts-Versuchsschule praktisch umgesetzt. Dabei wurden z.T. Methoden ähnlich denen des hier beschriebenen WP eingesetzt« (Huschke/Mangelsdorf 1988, S. 10).

Purmann schreibt in einem Bericht über niederländische Jenaplan-Schulen: »Das Gemeinschaftsleben in der Gruppe (z.b. Stammgruppe, in der Kinder verschiedener Jahrgänge zusammenarbeiten), die Organisation der Arbeit in Wochenarbeitsplänen, die Einrichtung des Klassenraumes als Schulwohnstube und die Abweichung von der üblichen Praxis der Notengebung zeitigen entscheidende schul- und unterrichtsorganisatorische Konsequenzen« (1985, S. 47ff.; vgl. auch Skiera 1982, S. 77; sowie Skiera 1985; Hagstedt 1987, S. 6).

Es wird hier nicht möglich sein, das weitgespannte Gesamtwerk Peter Petersens auch nur angenähert zu berücksichtigen und auf die seit längerem nicht abreißende Diskussion zu gesellschaftspolitischen und erziehungswissenschaftlichen Positionen Petersens einzugehen.

Zu dieser Diskussion um Petersen wird hier lediglich durch zwei repräsentative Beiträge verwiesen (Kaßner 1989, S. 117ff.; Keim 1989, S. 133ff.).

Absicht soll es vielmehr sein, der Frage nachzugehen, ob die konkreten, pädagogisch-didaktischen Ausprägungen im »Jena-Plan« (Petersen 1927) bzw. in der »Führungslehre des Unterrichts« (Petersen 1937) als »Begründungsanleihe« für den gegenwärtig üblichen WPU herangezogen werden können.

Peter Petersen (1884 bis 1952) steht hinsichtlich seiner Biographie, seiner Tätigkeit in Schulpraxis und Hochschule sowie

mit seinen zahlreichen Veröffentlichungen im reformpädagogischen Gesamtzusammenhang unter den Leitbegriffen
»Neue Erziehung«,»New Education« und»Éducation nouvel-
le« (womit der internationale Charakter dieser Bewegung angedeutet werden soll), der aus einer Kritik an der»alten Schule« eine»neue Schule« konzipieren wollte und daraus unterschiedliche Reformlinien entwickelte, die aus heutiger Sicht
durchaus als reformpädagogische Traditionslinien bezeichnet
werden können.

Petersen versuchte 1926 eine Deutung der Grundlagen
einer»Neuen Erziehung« innerhalb einer»neueuropäischen
Erziehungsbewegung« und kontrastierte damit die»alte
Schule« (Skiera 1990, S. 8), wobei er ihre Merkmale scharf
herausarbeitete. Insbesondere mit dieser Veröffentlichung
weist er sich, der bereits 1923 die Übungsschule der Universität Jena und den Lehrstuhl für Erziehungswissenschaften
übernommen hatte (übrigens beides von Wilhelm Rein, einem Schüler Herbarts), als Vertreter der neuen Reformrich-
tung aus.

Sosehr aber die verschiedenen Reformansätze dieser Epoche auch gemeinsam gegen die»alte Schule« zu Felde zogen,
so unterschiedlich und geradezu gegensätzlich waren die einzelnen Richtungen, die sich aus der gemeinsamen Kritik theoretisch und praktisch»unter starken Spannungen« – wie
Schwerdt feststellt (1952, S. 225) – entwickelten.

Dies zeigte sich bereits in den oben dargestellten Re-
formansätzen von Montessori und Parkhurst. Es zeigt sich
erneut am Beispiel des reformpädagogischen Ansatzes von
Petersen, der mit seinem»Jena-Plan« (diese Bezeichnung wurde für den 1927 in Locarno stattfindenden Kongreß der»New
Education Fellowship« geprägt, auf dem Petersen über seinen
Schulversuch berichtete) beispielsweise in krassem Gegensatz
zum extrem individualistischen Ansatz von Parkhurst steht,
deren Konzept gleichwohl als eigenständige Synthese aus
verschiedenen Entwicklungslinien der internationalen re-
formpädgogischen Bewegungen anzusehen ist.

»Zu diesem Konzept haben die folgenden Gedanken Pate gestanden: der Schulrahmen und die Lernspiele von Decroly, der Lehrgang, die Sonderkurse, der Gesamtunterricht von Berthold Otto; der Kapellengedanke, die Stufeneinteilung von Lietz; die Schulgemeinde, die Pädagogische Rückschau, das Kurssystem von Paul Geheeb; die Projektmethode von Kilpatrick sowie das arbeitsunterrichtliche Verfahren von Georg Kerschensteiner und Adolphe Ferrière hinsichtlich des gruppenunterrichtlichen Verfahrens« (Röhrs 1980, S. 249).

Die daraus abgeleiteten wichtigsten Merkmale einer schulpraktischen Umsetzung des Jena-Plans sind folgende:

- »Jahrgangsübergreifende Lerngruppen (Stammgruppen);
- Rhytmischer Wochenarbeitsplan der Gruppe: ausgewogene Gestaltung der pädagogischen Situationen nach den anthropologisch-pädagogischen ›Bildungsgrundformen‹ Gespräch, Spiel, Arbeit und Feier:
  Gespräch: Kreisgespräch, Berichtskreis, Vortrag, Aussprache u.a.
  Spiel: Freies Spiel, Lern-, Pausen-, Turn-, Schauspiele
  Arbeit: Gruppenarbeit, Niveau-, Wahlkurse, ›Gestaltendes Schaffen‹
  Feier: Morgen-, Wochenschluß-, Geburtstagsfeier, Aufnahmefeier für die Schulanfänger u.a.
- ›Schulwohnstube‹: eine von den Kindern mitgestalteter Schulraum.
Durch das System der Stammgruppe entfallen die ›Versetzung‹ und die ›Zeugnisse‹ in ihrer sonst üblichen Form. – Im Jenaplan geht es insgesamt um die Gestaltung eines reichen, anregenden und nach vielen Seiten hin offenen Schullebens. Die soziale Dimension wird besonders berücksichtigt« (Skiera 1990, S. 18).

Mit dem letzten Satz dieses Zitates ist das entscheidene Stichwort gegeben, das Schwerdt (1952, S. 225) diese Schule »die Lebensgemeinschaftsschule des Peter Petersens« nennen läßt, in der insbesondere sozialpädagogisches Denken und Handeln Raum findet, d.h. ein Ausgleich zwischen der Individualpädagogik auf der einen und der Sozialpädagogik auf der anderen Seite stattfindet.

Petersen greift Anstöße aus den Landerziehungsheimen einerseits und aus den Hamburger Gemeinschaftsschulen andererseits auf mit dem Ziel, den bisherigen Charakter der Schule (»Bankerott der Jahrgangsklasse«) zu ändern, und zwar im Sinne der Gestaltung einer Erziehungsgemeinschaft.

> »Zerbrachen die individualisierenden Systeme die Klassen, um der Eigenart der einzelnen Raum zu schaffen, so löst die Gemeinschafts- schule den starren Klassenverband in erster Linie aus sozialen Rück- sichten heraus« (Schwerdt 1952, S. 227).

Die Gliederung der Schule in Altersklassen zwecks Erteilung von Unterricht greift Petersen an: »... wie Eisblöcke in Früh- lingslandschaft liegen auf unseren Schulen die Jahresklassen! Ich verstehe darunter eine Vereinigung von Schülern, die als Einheit nach einem bestimmten Jahrespensum geführt wird mit dem Ziel, >als Einheit< so weit gefördert zu werden, daß sie als Ganzes für die Anforderung des nächsten Jahresplanes fortgeschritten ist; es gehört zu ihr Pensenschematismus und die >Versetzung<« (Petersen 1930, S. 20).

Bei Petersen bestimmt die Idee der Gemeinschaft alles Geschehen in der Schule und in der Schulgemeinde als Erzie- hungsgemeinschaft, so vor allem die Bildung von »Stamm- gruppen«.

> »In der Regel befinden sich die Kinder des 1. bis 3. Schuljahres in der Untergruppe, des 4. bis 6. Schuljahres in der Mittelgruppe und des (6.) 7. bis 8. Schuljahres in der Obergruppe. Bei 10jähriger Schulzeit – Petersen hatte eine 10jährige allgemeine freie Volksschule für alle Kinder gefordert – gehören die Schüler des (8.)/9. bis 10. Schuljahres zur Jugendlichengruppe« (Th. Dietrich 1973, S. 40).

Die einzelnen Stammgruppen sind – zusammengenommen – das »Schulganze«. Im Schülerleben tritt diese »Ganzheit« in den Veranstaltungen der »Schulgemeinde« auf. Und im Zu- sammenhang mit den Stammgruppen und ihrem Schulalltag steht nun der sogenannte *Wochenarbeitsplan*. Nach den Beob- achtungen Petersens »schwingen die Arbeitspläne der Grup- pen in einem Wochenrhythmus« (vgl. Schwerdt 1952, S. 234), ebenjenem spezifischen Wochenarbeitsplan, den Petersen gegen den alten »Fetzenstundenplan« setzt, weil dieser nicht nach pädagogischen Kriterien, sondern ausschließlich (übrigens bis heute) in der Regel aus überwiegend vordergründig-organisatorischen Überlegungen konzipiert wird.

Sein neuer Arbeitsplan (anstelle eines Stundenplanes) folgt dem umgestalteten Gruppenaufbau und paßt sich mit seiner Vor-Ordnung der Zeit »dem Tages- und Wochenrhythmus des jungen Menschen« an; er ist dem Unterricht vorgegeben. Die Bezugspunkte dieses Planes bilden die sogenannten »Bildungsgrundformen« Gespräch, Spiel, Arbeit und Feier.

Petersen hat seine Überlegungen in der »Führungslehre des Unterrichts« (Petersen 1963, S. 108ff.) ausführlich dargestellt, einen Wochenrhythmus von Sonntag zu Sonntag; mit ihm sollen »das Verhältnis des Schullebens zum Gesamtleben, zur Umwelt der Schüler und die Arbeitenfolge und Lebensordnung innerhalb der Schule« dargestellt werden (1963, S. 114f.).

»Um das Verhältnis des Schullebens zur Umwelt und damit die rechte Einordnung der Schularbeit in die Bildungs- und Erziehungsarbeit am Schüler überhaupt soweit wie möglich sichtbar zu machen, stelle man die von der Schule beanspruchten Wochenstunden von zwei Wochen hinein in einen Rahmen, der also über zwei volle Wochen von Sonntag zu Sonntag führt. Am deutlichsten würde die Darstellung sprechen, wenn man dabei auch die ganze Tageszeit von 24 Stunden, also die Zeit von 15 vollen Tagen, wiedergäbe. Auf diese Tage wäre dann die ›Schulzeit‹ zu projizieren ... Nun erscheint der Wochenarbeitsplan in die Lebensgemeinschaft der Familien und Erzieher hineingelegt. Er ruht so organisch wie nur möglich auf den Erziehungswelten, aus denen die Schüler kommen, um soviel wie möglich auch im gleichen Rhythmus des Lebens wie der Arbeit mitzuschwingen ... gibt nicht nur die Freizeit außerhalb der Schule am Sonntag wieder, sondern schlechthin alle Tagesstunden, in denen das Kind nicht von der Schule beansprucht wird. Er bezeichnet also sein Leben in der Familie, Nachbarschaft und Verwandtschaft, sein Leben in der Spielgemeinschaft des Dorfes, des Hofes, der Straße.«

Dazu ist noch ergänzend anzumerken, daß dieser Wochenarbeitsplan, der aufgrund der Schriften Petersens eine große Prägewirkung auf jene Schulen hatte, die den Jena-Plan zum Vorbild nahmen, ursprünglich allmählich aus den Erfahrungen in der Universitätsschule in Jena erwuchs (Petersen/Wolff 1925, S. 32).

Th. Dietrich stellt fest, daß jede Schule »… hinsichtlich des Wochenarbeitsplanes aufgrund örtlicher Bedingungen eigene Wege gehen müssen (wird)« (Th. Dietrich 1973, S. 47).

Insgesamt läßt sich folgendes Fazit ziehen: Der Wochenarbeitsplan Petersens zielt auf völlig andere Zusammenhänge und ist mit völlig anderen Überlegungen verbunden als der WPU, der im Rahmen dieser Arbeit diskutiert wird. Mit anderen Worten: Das »Konzept der Unterrichtsorganisation«, nämlich WPU, hat mit dem Ansatz Petersens – wie sich aus den herangezogenen Quellen ergibt – nichts zu tun. Die »Begründungsanleihen« fußen in der Regel auf der zufälligen Namensgleichheit und sind durch unpräzise Rückbezüge auf die historischen Zusammenhänge und durch ungenaue Quellenkenntnis verursacht.

Es liegt m.E. die Vermutung nahe, daß jene anderen oben angeführten Merkmale des Unterrichts nach dem Jena-Plan sowie das von Petersen stark favorisierte *gruppenunterrichtliche Verfahren* neben dem Fachunterricht in Kursen, das nach seinen eigenen Vorstellungen ein relativ starkes *Schülerprofil* aufweist und durch die Aufnahme von Schülervorschlägen und -interessen sowie durch die gemeinsam in den Tischgruppen (den Stammgruppen) gefundenen Übereinkommen über die Gestaltung des Arbeits- und Lernprozesses gekennzeichnet werden kann, die Ausgestaltung des Klassenraumes zur »Schulwohnstube« sowie die spezifische »Pädagogik der Arbeitsmittel« (Petersen 1937, S. 182) und die Nähe zum Gesamtunterricht Berthold Ottos jene – nachweislich unzutreffende – *Koinzidenz* der Meinungen herbeigeführt haben, »Wochenarbeitsplan« und WPU seien weitgehend deckungsgleich.

Schwerdt trifft in seiner »Kritischen Didaktik« folgende zusammenfassende Darstellungen (auch für die in dieser Arbeit bisher untersuchten Traditionslinien):

»Maria Montessori schuf die ›freie Arbeitshaltung‹ innerhalb der Welt ihrer Materialien. Helen Parkhurst übertrug die didaktischen Grundsätze dieser Materialarbeit auf die spezielle Aufgabenstellung der Schularbeit. Doch bleibt innerhalb der assignments noch eine enge ›Aufgaben‹bindung: der Schüler kann in freier Weise allein arbeiten, muß aber die Wochenaufgaben erledigen, wenn ihm auch die Folge der Einzelarbeiten freigestellt ist. Petersen findet einen Weg, den Schülern auch in der ›Aufgabenstellung‹ und dem ›Arbeitsweg‹ größere Freiheiten zu gewähren, welche der Spontanität der Bildungsarbeit zugute kommen soll. Er erstrebt diese bisher als gefährlich erachtete Freiheit, indem er die Bildungswirkung der natürlichen Gruppen in Ansatz bringt und die Klasse als Arbeitsgemeinschaft ausbaut. Mag der Einzelschüler oft nicht fähig sein, die ›Freiheit‹ in der Aufgabenstellung fruchtbringend zu gebrauchen, so ist es die Gemeinschaft der Gruppe schon in größerem Maße« (Schwerdt 1952, S. 250f).

Hagstedt setzt allerdings an dieser Deutung jener – aus schulischer Sicht notwendigerweise graduellen – Freiheit im Sinne Petersens kritische Fragezeichen (1987, S. 4ff.).

Dazu muß angemerkt werden, daß Hagstedt seine Einschätzung aus einer starken Favorisierung einer generellen und grundsätzlichen Schülerzentrierung des Unterrichts heraus vornimmt.

»Manche Wiederentdecker des Kleinen Jenaplans berufen sich dabei vorschnell auf den ›Wochenarbeitsplan‹, die Alternative zum Fetzenstundenplan. Aber wer bei Petersen aus konzeptioneller Not nach Wochenplanprinzipien sucht, wird nicht hier fündig, sondern erst im ›Großen‹ Jenaplan, der deutlich macht, worauf es ihm ankommt:
– ›die Schüler ... bei der Planlegung der Arbeit ... mit aussuchen und entscheiden zu lassen ... nicht im Sinne irgendwelchen Abstimmungsverfahrens, sondern so, daß *vom Führer die beste Meinung, der beste Vorschlag aufgegriffen und dann ausgeführt wird* ... (Hervorhebung: d.Verf.)‹
– ›den Willen der Schüler einzuspannen. Sie sollen beileibe nicht tun, was sie wollen, aber wir möchten, daß sie wollen, was sie tun!‹«

Hagstedt bezieht sich hier auf Petersen (1934, S. 80f.). Es erscheint notwendig, in diesem Zusammenhang auf das sogenannte »Gruppengesetz« und auf das aus heutiger Sicht aufschlußreiche Kapitel »Der Sinne und die rechte Anwendung der pädagogischen Vorordnungen des Unterrichts« (vgl. »Führungslehre des Unterrichts«) hinzuweisen.

Dieses Kapitel könnte all jenen, die bei Petersen »Begründungsanleihen« für einen »freien Unterricht«, zumal »vom Kinde aus«, suchen, zumindest zur Verblüffung gereichen. Er folgert dann – polemisch zugespitzt:

> »Die Katze ist aus dem Sack!« und verweist auf eine Einschätzung D. Müllers: »Tendiert dieses ganze Wochenplanen nicht dazu, die Schüler zum Organisieren fremdbestimmten Lernens zu drängen und den Charakter der Fremdbestimmung zu verschleiern? Ich sehe die Gefahr, daß man ihm und er sich selbst vorgaukelt, er wolle dies eigentlich ja selbst« (1979).

Es stellt sich an dieser Stelle abschließend vor allem die Frage nach dem schon mehrfach angesprochenen grundsätzlichen – zwischen Lehrern/Lehrerinnen und Kindern geklärten – Pflichtcharakter des WPU und einer relativ klaren definitorischen Trennung zwischen WPU und Freier Arbeit, für die übrigens auch Hagstedt plädiert (1987, S. 7).

4.1.4 Reformpädagogische Ansätze von Celestin Freinet

Rückverweise auf Celestin Freinet finden sich in Veröffentlichungen, die ganz unterschiedliche Positionen repräsentieren (Huschke/Mangelsdorf 1988, S. 10; Strote 1985, S. 9, 19, 23; Hagstedt 1987, S. 7).

Aus diesem Grunde erscheint es auch bei dieser vermuteten Traditionslinie zunächst notwendig, den epochalen reformpädagogischen Zusammenhang zu erkunden, zumal bei den relativ kurzen Hinweisen meistens unklar bleibt, welche konkrete inhaltliche Beziehung mit den Zielsetzungen Freinets gesehen wird.

Auch Celestin Freinet (1896 bis 1966) findet in dem persönlichen Erlebnis der »alten Schule« in Frankreich seine Motive für Veränderungsabsichten, die er sich als junger Pädagoge vornimmt (Freinet 1979, S. 9).

Seine ungewöhnliche Biographie liest sich insbesondere mit Blick auf seine vielfältigen Beziehungen zur internationalen, insbesondere zur deutschen Reformpädagogik nach dem Ersten Weltkrieg wie ein fast vollständiges Kompendium reformpädagogischer Ansätze. So nimmt er etwa aufgrund von Reisen nach Deutschland (Auslöser war das Reichsgrundschulgesetz von 1920, in dem die Grundschule als Schule »für alle Kinder des Volkes« bestimmt wurde, eine Idee, die Freinet faszinierte) Kontakte mit Petersen auf, mit dem er bis zu dessen Tod im Brief- und Gedankenaustausch bleibt, aber auch mit zahlreichen anderen Reformpädagogen (Jörg 1979, S. 242ff.).

Daran zeigt sich, daß er zum einen in die internationale Reformbewegung eingebunden ist und zum anderen – aus der offenkundig umfassenden Kenntnis von reformpädagogischer Theorie und Praxis heraus – den Weg einer Zusammenführung von vielfältigen Reformideen zu einem eigenen Konzept gewählt hat: »Wir holen unseren Honig überall dort, wo er am besten ist« (H. Müller 1950, S. 42).

»Er selbst betont immer wieder, daß sowohl seine ›Theorie‹ … als auch fast alle praktischen Vorschläge zur Veränderung der Schule bereits von anderen Vertretern der ›Reformpädagogik‹ gefordert oder verwirklicht wurden; also sollte man sie auch dort suchen. Wer je die Werke von Decroly, Kerschensteiner, Montessori, Makarenko, J. Dewey, E. Key, Petersen, Ferrière, Geheeb, K. Marx, Claparede, Gaudig, Spencer, Rousseau, Wundt, R. Rolland, H. Parkhurst, Washborne, B. Otto, Scharrelmann und Gansberg gelesen hat, findet darin alle Theorie und Praxis, die Freinet dann allerdings in einmaliger und einzigartiger Weise selbst und mit Hilfe seiner von ihm gegründeten Bewegung der ›École Moderne‹ in Wirklichkeit umgesetzt hat« (Jörg 1979, S. 244).

Gerade die Beziehung zwischen Freinet und Petersen wäre ein besonders reizvoller Untersuchungsgegenstand, da – wie oben angedeutet – auch die Rezeption Freinets in der Bundesrepublik Deutschland eine erhebliche politische Dimension hat, die zu kontroversen Einschätzungen geführt hat und führt (vgl. dazu Jörg 1979; Beck 1977; I. Dietrich 1982; sowie Jörg 1989).

Hingegen scheint der hohe Bekanntheitsgrad seiner Konzeption in der Bundesrepublik Deutschland auf einen Umstand hinzudeuten, der schon in der einleitenden Problemskizze dieser Arbeit kurz angerissen wurde: Freinets »Mouvements«, die zunächst von wenigen Hochschullehrer, später durch kooperative Gruppen von Lehrerinnen und Lehrern in der Bundesrepublik bekanntgemacht wurden, werden heute von vielen Lehrerinnen und Lehrern in der Bundesrepublik deshalb als »interessenähnlich« empfunden, weil sie »nicht von oben, von Kulturministerien oder staatlichen Organen, sondern genau umgekehrt von der Basis der Erziehung ... gegründet wurden und in Selbstverantwortung geleitet werden« (Jörg 1979, S. 245).

Auch die übrigen Merkmale bzw. Elemente der Konzeption Freinets, die er in seinem grundlegenden Werk »Die moderne französische Schule« (1979) für die »Mutterschule« und die »Volksschule« beschreibt (z.B. Klassenraumgestaltung, Arbeitsateliers, Arbeitsmaterial, Unterrichtstechniken, Druckerei u.v.a.m.), korrespondieren stark mit den Merkmalen und Elementen der gegenwärtigen Grundschulreform (Baillet 1983, S. 251ff.).

Noch ein drittes, zunächst gegensätzlich erscheinendes Motiv, das gewissermaßen »Zuneigung« zu Freinets Konzeption entstehen läßt und vielfach in Fortbildungsveranstaltungen formuliert wird, soll hier benannt werden, weil es insbesondere auch den WPU und die damit verbundene Pflicht zum Lernen und Arbeiten betrifft. Freinet suchte stets pragmatische Wege für Veränderungen innerhalb der *staatlichen Regelschule* – eine Perspektive, die sich auch für alle im Regelschulwesen tätigen Lehrerinnen und Lehrer stellt, die keine Alternative zur Schule, sondern allenfalls Alternativen *in* der Schule als realistisch und erreichbar ansehen.

Im Kontext vielfältiger Reformelemente steht bei Freinet der »plan de travail«, der Arbeitsplan. Dieser Arbeitsplan soll im nachfolgenden Abschnitt auf seine Beziehungen zum WPU hin untersucht werden.

Freinet will den Kindern Arbeitsmittel (-material), Arbeitstechniken und Freiräume zur Verfügung stellen, um ihnen bei ihrer lernenden Suchbewegung in die Welt hinein zu helfen, d.h. bei dem selbständigen Versuch, sich selbst alle die Fragen zu beantworten, die ihnen in ihrer Lebenswirklichkeit entstehen. Als Bedingung für die Entfaltung der kindlichen Persönlichkeit gilt:»Das Kind gestaltet selbst mit unserer Hilfe seine Persönlichkeit« (1979, S. 15).

Dabei stellt Freinet selbst seine Unterrichtstechniken als eine Folge des mangelhaften Wissens von dem je konkreten Kinde dar. Da es nicht möglich sein kann,»das Kind, seine psychische und physische Natur, seine Neigungen, Fähigkeiten, seinen Begabungsreichtum und seinen Elan hinreichend kennenzulernen, um auf diesen Erkenntnissen unser erzieherisches Bemühen aufzubauen« (1979, S. 15), *begnügt* er sich damit,»ihnen ein ihre Interessen förderndes Milieu zu schaffen und ein entsprechendes Arbeitsmaterial und kindgemäße Techniken zu entwickeln, die ihre Bildung fördern, ihnen die Wege ebnen, auf denen sie je nach ihrer Veranlagung, ihren Neigungen und ihren Bedürfnissen weiterschreiten werden« (1979, S. 16). Die Arbeitsmöglichkeiten in einer Freinet-Klasse sind so vielfältig und zahlreich, daß Organisation, Arbeitsplanung und ein sorgfältig geregeltes Miteinander dringend erforderlich werden. Andererseits sollen aber die Kinder ihre Arbeit soweit wie möglich selbst bestimmen.

Eine Vermittlung dieser beiden Absichten ergibt die Arbeitspläne.»Solange das Kind nicht die Wahl zwischen einer Menge verschiedener Tätigkeiten hat, ergibt sich keineswegs die Notwendigkeit, einen Arbeitsplan aufzustellen« (Freinet 1979, S. 45).

In einem Vergleich von Familie und Schule und den sich aus nicht vorhandener Planung ergebenden Konflikten beschreibt

Freinet an dieser Stelle als Konsequenz seine Vorschläge zur Arbeitsplanung. »Diese Art des Vorgehens wird durch unser Arbeitsmaterial und die *Vielseitigkeit seiner Verwendung* (Hervorhebung: d.Verf.) zu einer direkten Notwendigkeit. Der Lehrer darf sich keineswegs mehr damit begnügen, Stunde um Stunde kraft seiner Autorität das Unterrichtsgeschehen einfach zu diktieren. Mit den Kindern wird er die Arbeitspläne entwerfen.

Für die Form des Unterrichts muß:

1) Für jede Woche ein *allgemeiner Arbeitsplan* aufgestellt werden, der die Forderungen, die die Umwelt, die Richtlinien und die Aufrechterhaltung eines Minimums von Gemeinschaftsdisziplin stellen, berücksichtigt ... so gilt es, auch in der Schule für alle verbindliche Regeln zu beachten, Pflichtarbeiten zu festgesetzter Zeit zu erledigen ...
2) Für jede Woche muß ein individueller Arbeitsplan *von jedem Kind* aufgestellt werden, in den es die Aufgaben einträgt, die es erledigen will und deren Erledigung es selbst überwacht« (Freinet 1979, S. 45f.).

Bedeutsam erscheint vor allem der Hinweis darauf, daß einige Arbeiten obligatorisch sind, daß das Lernen aufgrund von rahmen- und normensetzenden Bedingungen (Staatsschule) nicht allein an den Bedürfnissen der Kinder orientiert werden kann.

Gleichwohl ist den Kindern viel selbst überlassen. Wenn sich etwa ein Kind vornimmt, einen Text (freien Text!) zu erstellen und zu drucken, ein oder zwei Experimente zu unternehmen, vier Karteikarten im Rechnen durchzuarbeiten und einen Vortrag zu halten, dann ist dieser individuelle Arbeitsplan für es verpflichtend. Wie das Kind dann diese Aufgaben bearbeitet, ist seinem eigenen Arbeitsrhythmus anheimgegeben; gleichwohl wird von ihm Selbstdisziplin gefordert – in einer Schule, deren Motiv »Par la vie – pour la vie – par le travail« lautet, sind der

Spontanität und Impulsivität Grenzen gezogen, Ablenkungsmöglichkeiten und Zufälligkeiten verringert.

Zwischendurch soll noch angemerkt werden, daß in der Freinet-Bewegung der Lernstoff prinzipiell in sogenannte Selbstbildungsmittel, d.h. in Arbeits-, Nachschlage- und Versuchskarteien,»übersetzt« worden ist, die nach einem vereinbarten System einheitlich gekennzeichnet sind und in der Regel Selbstkontrollmöglichkeiten enthalten. Freinet lehnt offizielle Schulbücher ab. Freinet verwendet für die individuellen Arbeitspläne Mustervordrucke (1979, S. 208).

Diese Vordrucke geben gewissermaßen die zunächst freien Eintragsmöglichkeiten vor (Rechnen und Raumlehre, Sprachlehre, Geschichte, Erdkunde, Naturlehre, Aufsätze, Vorträge, Werkarbeiten), in die die Kinder dann ihre eigenen Absichten (im Rahmen des allgemeinen Arbeitsplanes für die Woche) eintragen können. Diese individuellen Arbeitspläne enthalten außerdem die sogenannte persönliche Leistungskurve (graphique personnel). In den vorgesehenen Rubriken für Fächer und Aktivitäten werden z.b. Nummern von Arbeitskarten eingetragen, die das Kind zu bearbeiten beabsichtigt.

Am Ende der Woche trägt jedes Kind in seinem Arbeitsplan rot ein, was tatsächlich bearbeitet worden ist. Selbstkorrekturen (»zuviel, zuwenig vorgenommen«) sind die Folge.

»Dieses Arbeiten nach einem individuellen aufgestellten Plan hat Freinet für die Schüler vom elften Lebensjahr ab vorgesehen. Es *erzieht die Schüler zu zielbewußter und planvoller Arbeit, zur Verantwortlichkeit und Selbständigkeit.* Vor allem aber läßt er dem Schüler einen möglichst großen Spielraum der Selbstbestimmung seines Tuns und läßt ihn seine Leistungsgrenzen erkennen« (1979, S. 206).

Hagstedt nennt die aufeinander bezogenen Arbeitspläne »doppelschrittig« und hebt sie gegenüber dem allein von Lehrer oder Lehrerin bestimmten Wochenplan hervor. Er verweist dabei auf den sogenannten »Klassenrat« und nennt zwei aufeinanderfolgende »Planungsphasen«:

»Gegen Ende jeder Arbeitswoche tagt ein Klassenrat, der über Aufgaben und Themen für die kommende Woche berät: Welche Arbeiten sind noch nicht abgeschlossen? Was soll neu projektiert werden? Welche lehrplanbezogenen Pflichtaufgaben stehen an? Das beschlossene Wochenprogramm wird – meist von der Lehrerin oder dem Lehrer – protokollartig festgehalten. Ein Klassen-Arbeitsplan (›plan collective‹) wird aufgestellt.

Unter Berücksichtigung der gemeinsamen Absprachen führen alle Schülerinnen und Schüler für sich einen persönlichen Arbeitsplan (›plan individuelle‹), den sie dann zu Beginn jeder Woche – teils nach Rücksprache, teils ohne Lehrerempfehlung – selbst aufstellen. Hier tragen sie ein, welche Arbeiten sie sich für welche Tage vornehmen, welche Untersuchungen sie in der Woche durchführen wollen, an welchem Buch sie gerade lesen, welche Übungslücke sie schließen wollen, zu welchem Thema sie einen Vortrag vorbereiten wollen« (Hagstedt 1987, S. 7).

Mit einer eindrucksvollen Beschreibung vom »Unterrichtsbeginn an einem Montagmorgen« zeigt Freinet (1979, S. 78ff.), daß und wie er seine Arbeitsplanung in das soziale Geschehen einer Lerngruppe bzw. Klasse einbezieht. Seine klare Aussage: »Der Arbeitsplan muß erfüllt werden« (1979, S. 118), die vor allem auch mit Blick auf sein »System der Arbeitspläne« gedeutet werden muß, wirkt zunächst ausschließlich lehrerzentriert. Er führt zu diesem »System« aus:

»Wir haben vorgesehen:
1) Allgemeine Jahrespläne, die in neuer Art etwa den Anforderungen entsprechen, die wir an unsere vier Schulstufen: Vorschule, Unterstufe, Mittelstufe und Oberstufe stellen.
2) Allgemeine Monatspläne für jede der Stufen. *Diese beiden Arbeiten von Lehrplänen werden von den Lehrern aufgestellt* (Hervorhebung: d. Verf.).
3) Individuelle Wochenpläne, die unter Berücksichtigung der Forderungen der ersten beiden Pläne aufgestellt werden. Jeder Schüler empfängt am Montagmorgen ein Exemplar eines solchen Arbeitsplanes« (1979, S. 83).

Der Eindruck der Lehrerzentrierung löst sich auf, wenn die bereits angedeutete »doppelschrittige Arbeitsplanung« (nach

Hagstedt) und »Klassenversammlung« (»Klassenrat«) zur genaueren Einschätzung dieser Art von Arbeitsplanung herangezogen wird (vgl. dazu Freinet 1979; Vasquez/Oury u.a. 1976; Zülch 1981; Koitka 1977; sowie Baillet 1983). Beide Sozialformen haben jeweils zwei spezifische Funktionen. Aus Gründen der Sachlogik wird zunächst die Klassenversammlung (der Klassenrat) erörtert.

Der Zusammenhang zwischen den Arbeitsplänen und der Klassenversammlung (wie Baillet den Klassenrat nennt) ist deshalb wichtig, weil hier die konkrete und vor allem die lerngruppenspezifische Arbeitsplanung organisiert wird.

Unter »lerngruppenspezifisch« wird hier verstanden, daß aufgrund vielfältiger Faktoren und Umstände in jeder konkreten Klasse eine spezifische Ansammlung von Individuen entsteht, die dem gesamten Unterrichtsgeschehen ein einmaliges, sich so an anderer Stelle und zu anderer Zeit nicht wiederholendes Gepräge gibt. Wird Unterricht lerngruppenspezifisch geplant und organisiert, wird dadurch eine Öffnung gegen die Lerngruppe hin erreicht.

In der Klassenversammlung, die in der letzten Unterrichtsphase einer Woche stattfindet und in gewisser Weise auch ritualisiert verläuft, findet eine *Erörterung von Problemen* sowie eine kritische *Wochenend-Rückbesinnung* auf die zurückliegende Arbeit statt (mit den Möglichkeiten der »Wandzeitung«, des »Ideenkastens« und der sogenannten »Stunde der Wahrheit«) (Jörg 1989, S. 92).

Zur *Erörterung von Problemen:* »Im Klassenrat sollte alles zur Sprache kommen, was sich in der Woche ereignet hatte und nicht ausreichend geklärt war – zum Beispiel Unzufriedenheit mit dem Unterricht, mit Hausaufgaben, Schwierigkeiten mit anderen Lehrern und Klassen, Streitigkeiten der Schüler untereinander, Probleme zwischen mir und den Schülern, Planung von Ausflügen und anderen gemeinschaftlichen Unternehmungen etc. Wichtig dabei war, daß ich in meiner Lehrerrolle zurücktreten mußte. Natürlich meldeten sich die Schüler anfänglich noch und warteten darauf, von mir aufgerufen zu werden. Das änderte sich allmählich, weil die Klassensprecher die Diskussionsleitung übernahmen und ich mich selbst zu Beiträgen meldete« (Vasquez/Oury u.a. 1976, S. 149).

Zur kritischen *Wochenend-Rückbesinnung:* Sie wird verbunden mit Vorschlägen für die weitere Arbeit, es wird die nächste Woche geplant, gemeinsame Aufgaben und Vorhaben werden aufgefunden. Kinder gehen der Lerngruppe (Cooperative) gegenüber persönliche Engagements ein (Stichwort: Ämterverteilung); sie übernehmen Arbeiten und Verantwortlichkeiten und legen späterhin auch Rechenschaft darüber ab.

Der gesamte Unterricht – immer im Rahmen klar gesetzter Bedingungen und *systematisch* aufgebauter »Selbstbildungsmittel« mit eingebauten »Befehlen« – wird andererseits kooperativ organisiert.

Die Techniken Freinets, d.h. etwa »freier Text«, »Korrespondenz«, »Klassenzeitung«, aber auch die Arbeitspläne bekommen erst dadurch ihre spezifische Bedeutung, daß sie in diesem Rahmen und einer faktisch kooperativen Organisation des Unterrichts eingesetzt werden.

Erst in diesem Zusammenhang – und dies muß besonders hervorgehoben werden – kann der Unterricht zum einen die Interessen der Kinder aufnehmen und zum anderen von Kindern und Lehrern/-innen gemeinsam organisiert werden.

In der Klassenversammlung wird insbesondere der gemeinsame Klassenarbeitsplan für die nächste Woche organisiert.

»Die Planung der nächsten Woche wird vorgenommen. Erziehung zur Selbst- und Mitverantwortung wird so zu einer wichtigen Aufgabe der Schule, denn bei aller Freiheit und Selbstbestimmung, die Freinet seinen Schülern gewährte, wußte er doch sehr bestimmt, daß Freiheit ohne die Erziehung zur Verantwortung und Weckung der Bereitschaft zur Mitverantwortung nur zum Konkurrenzkampf und Gegeneinander führt. In diesem Sinne ist alle Erziehung im Geiste Freinets auch politische Erziehung, Erziehung zur verantworteten Demokratie« (Jörg 1989, S. 92).

Die beiden Funktionen der Klassenversammlung sind demnach: kritische Rückbesinnung und Vorausplanung.

Der Morgenkreis (insbesondere der Morgenkreis am Montag) hat ebenfalls zwei wesentliche Funktionen:

Zum einen wird erzählt, Sprache im Sinne Freinets als »kommunikatives Werkzeug« gebraucht, auch im Sinne der dialogischen Pädagogik, nicht nur zwischen Erwachsenen und Kindern, sondern auch zwischen den Kindern. Im zweiten Teil des Morgenkreises wird kooperativ die Arbeit in der Klasse für den jeweiligen Tag organisiert (Tagesplanung).

Während die Kinder im Erzählteil des Morgenkreises einander zuhören und aufeinander eingehen lernen, lernen sie nunmehr in dem Planungs- und Organisationsteil des Morgenkreises, daß ihre Äußerungen, Vor- und Ratschläge (auch die vom zurückliegenden Wochenende und aus der Klassenversammlung), ihre Planungen, zu der auch die individuelle Arbeitsplanung gehört, erwogen und ernst genommen werden, Bedeutung in der Klasse erhalten. Sie erfahren, daß sie als Person wichtig sind, daß sie auch zur Arbeit in der Klasse beitragen können, daß nicht alles von der Lehrerin oder vom Lehrer geplant wird, daß hier nicht nur das Wort der Erwachsenen entscheidend ist, sondern daß sie einen wichtigen Platz in der Lerngruppe haben und daß ihnen das Wort gegeben bzw. gelassen wird.

Diese Entwicklung des Unterrichts mit einem von den Kindern wesentlich bestimmten Profil (»Schülerprofil« nach Hagstedt 1987) läßt auch die Tages- oder Wochenarbeitspläne in einem anderen Licht erscheinen. Der Tages- und/oder Wochenarbeitsplan ist dann eine Organisationsform, bei der Lehrer/-innen und Kinder gemeinsam die dann logischerweise differenzierte Arbeit einteilen (für alle zusammen und auch jeweils für sich selbst) und danach möglichst selbständig ausführen.

Wenn in diesem sozialen Kontext Kinder ihre eigene Situation einschätzen und Arbeit an selbstgewählten und jederzeit überprüfbaren Maßstäben organisieren lernen, wenn Eigeninitiative jederzeit möglich ist, wenn – im gesetzten Rahmen – über subjektive Lerninteressen selber entschieden werden kann, wenn die Arbeit in überschaubaren Zeiteinheiten organisiert werden kann, wenn das Verhältnis von Planung und »Planerfüllung« selbst bewußt wahrgenommen und korrigiert werden kann, die kritische Rückbesinnung als Hilfe und Chance empfunden werden kann, dann ist mit einem wachsenden Anteil von Selbständigkeit und eigener Verantwortlichkeit zu rechnen.

Bezüglich der »Begründungsanleihe« des gegenwärtig üblichen WPU bei den reformpädagogischen Ansätzen Freinets läßt sich folgendes Fazit ziehen:

Die spezifische Ausprägung des »Plan de travail« bzw. des »Systems der Arbeitspläne« Freinets liegt in dem »doppelschrittigen« Prozeß der je lerngruppenspezifischen Annährung an einen gemeinsamen Wochenarbeitsplan mit »Schülerprofil« (nach Hagstedt) und darüber hinaus an individuelle Wochenarbeitspläne im kooperativ organisierten Rahmen eben dieses »plan collective«.

Planung einerseits und Reflexion der geplanten und ausgeführten Arbeit (d.h. der organisierten Lernprozesse) in ihrem Verhältnis unter konstitutiver Interaktion (Beteiligung, Mitbestimmung und -wirkung) von Erwachsenen und Kindern kennzeichnen diesen Prozeß.

Ohne daß hier in diesem Zusammenhang auf die tatsächliche Rolle des Lehrers und der Lehrerin in diesem kooperativ organisierten »Aushandlungsprozeß« mit großen Pflichtanteilen und zusätzlicher anteiliger Selbstverpflichtung eingegangen werden kann, die zweifellos für die wachsende Selbständigkeit, die wachsende Übernahme von Verantwortlichkeit und für Initiative entscheidend sein dürfte, kann festgestellt werden, daß Freinet sich damit wesentlich von den anderen Traditionslinien unterscheidet.

Obwohl auch Freinet den »Contrat« (nach Baillet) kennt, d.h. letztlich die Pflicht bzw. die Selbstverpflichtung, einen Tages- bzw. Wochenarbeitsplan zu erfüllen oder Aufgaben auszuführen, unterscheidet er sich dabei wesentlich von Parkhurst mit ihrem fast ausschließlich individualisierenden, lehrer- und vorgabedominierten Ansatz wie auch von Petersen und dessen Führungsprinzip in der Klasse und vor allem in den Stammgruppen und ihren Untergliederungen.

Zugleich scheint die Freinetsche Traditionslinie den gegenwärtig praktizierten WPU hinsichtlich vieler Details beeinflußt zu haben, obwohl – wie Hagstedt ganz generell meint –

> »… die heutige Wochenplan-Praxis … an solcher doppelschrittigen Arbeitsplanung … vorbeigelaufen (ist)« und »stattdessen vielerorts … ein Wochenplan-Typ bevorzugt … (wird), der ohne gemeinsame Aufgabenfindung und ohne individuellen Zuschnitt auskommt« (Hagstedt 1987, S. 7).

Der Hinweis auf Details bzw. einzelne Elemente des WPU, die durch Ansätze Freinets beeinflußt scheinen, bezieht sich insbesondere auf die Tatsache, daß es in der Bundesrepublik zwischenzeitlich zahlreiche »Freinet-Anhänger« (Jörg 1979, S. 242f., S. 253f.) gibt, die sich landes- und bundesweit, d.h. regional und überregional organisiert treffen und sich hinsichtlich ihrer Erfahrungen austauschen, sowie einen »Materialvertrieb der Pädagogik-Kooperativen« (Zülch 1981, S. 142) und eine überregionale Zeitschrift »Fragen und Versuche«.

Noch auffälliger in diesem Zusammenhang ist aber, daß es über die eigentlichen »Freinet-Anhänger« hinaus (teils in Kontakt mit ihnen, teils nicht) zahlreiche Lehrerinnen und Lehrer an Grundschulen gibt, die – ohne sich explizit als »Freinet-Anhänger« zu erklären – etwa die Schuldruckerei und freie Texte, Korrespondenz, Morgenkreis u.ä. in ihre Praxis übernommen haben, oder auch solche, die diese Elemente in ihren Unterricht übernommen haben, ohne zu wissen, woher sie ursprünglich stammen und ohne das damit verbundene relativ stringente »System der Arbeitspläne« überhaupt auch nur zu kennen.

Diese Aussage bezieht sich auf Erfahrungen, die der Verfasser während seiner Tätigkeit in der Lehrerfortbildung sammeln konnte, d.h. auf die immer wieder verblüffende Feststellung von Lehrerinnen und Lehrern aus der Grundschule, daß sie »gar nicht gewußt hätten«, daß dieses oder jenes »von Freinet stamme«.

4.1.5 Zusammenfassung: Unterschiedliche reformpädgogische Tradtionslinien und ihr Einfluß auf die gegenwärtige Praxis des WPU

Die vier aufgegriffenen und diskutierten Traditionslinien, die in der Regel bei »Begründungsanleihen« für WPU benannt werden, weisen zahlreiche gemeinsame wie auch unterschiedliche Prinzipien und Merkmale auf.

Es soll nun gedanklich eine Art »Kern-Kontext-Modell« entwickelt werden, das einerseits jene den WPU lediglich tangierenden Bestände der reformorientierten Diskussion in der Grundschule aufnimmt (Kontext) wie andererseits solche, die *überwiegend und hauptsächlich* den WPU betreffen (Kern).

Im gleichen Klassenraum, mit den gleichen Arbeitsmittelbeständen, mit ähnlichen sozialen Regelungen und mit ähnlichem Rollenbewußtsein des Lehrers u.v.a.m. könnten z.b. WPU und Freie Arbeit stattfinden, *beides jedoch von unterschiedlichen Prinzipien und Zielsetzungen her konzipiert.*

Für den »Kern« dieser Zusammenfassung ergibt sich, daß *vorausgehende Lehr-Lern-Planung* der Lehrerinnen und Lehrer das von den Kindern zu leistende *verpflichtende Pensum* für den Unterricht bestimmt, das sich dann in *kontraktähnlichen* und *zeitlich befristeten Vereinbarungen mit den Kindern* ausprägt. Der Ansatz Montessoris fällt damit aus dem auf WPU fokussierenden »Kern« heraus, weil sich deren vorausgehende Lehr-Lern-Planung ausschließlich in spezifisch »didaktisch geladenen« Lernmitteln »materialisiert«.

Dagegen kann der Dalton-Plan durchaus in den »Kern« gerückt werden, obwohl der Ansatz von Parkhurst strikt lehrerzentriert ist, die Wochenpläne keinerlei »Schülerprofil« aufweisen (was viele Wochenarbeitspläne der gegenwärtig beobachtbaren Schulpraxis übrigens auch kennzeichnet!), sich gleichwohl aber auf die – vom planenden Lehrer aufgrund seiner verallgemeinerten Erfahrungen eingeschätzte –»normale« Schülerleistung beziehen und eine enge Aufgabenbindung durch die»assignments« bei durchgängiger Individualisierung realisieren.

Petersens Ansatz, der hier nicht in seinem»Wochenarbeitsplan« als Gegenbewegung zum sogenannten»Fetzenstundenplan« gesehen wird, eröffnet den Kindern bei der Lehr-Lern-Planung, bei Aufgabenstellungen und bei den Arbeitswegen größere Freiheiten, d.h., der Unterricht rückt näher an das Lernen von Gruppen heran.

Am nähesten kommt der Ansatz von Freinet der gegenwärtigen WPU-Praxis bzw. der immer häufiger auffindbaren Zielvorstellungen von einem WPU, der Lehr-Lern-Planung mit einem deutlichen»Schülerprofil« anstrebt und Arbeitsplanung wie -ausführung und -reflexion zu einem Interaktionsgeschehen zwischen dem Lehrer oder der Lehrerin mit ihren Absichten und den Kindern einer Klasse mit ihren Bedürfnissen, Neigungen und Interessen werden läßt und neben der individualisierenden Komponente insbesondere auch die soziale Komponente (z.B. soziale Regelungen aus der schulischen Lehr-Lern-Situation und den damit verbundenen Notwendigkeiten heraus) stark berücksichtigt.

Für den»Kontext« des gedanklichen»Kern-Kontext-Modells« ist zusammenfassend festzuhalten, welche spezifischen anhaltenden Wirkungen die vier benannten Traditionslinien – wenn auch in höchst unterschiedlichen Ausprägungen – in den Konzepten der gegenwärtigen Grundschulreform verursacht haben.

Die Bewegung»gegen die alte Schule«, die»Belehrungsschule«, brachte in Abwehr von einem – für diese typischen – Frontalunterricht eine veränderte Auffassung von Schule zutage, die auf einer veränderten Auffassung von Kindern als Interaktionspartnern im Lehr-Lern-Prozeß basierte und auch eine veränderte Auffassung von Status, Funktion und Rolle von Lehrerin und Lehrer zur Folge hatte.

Der Grundgedanke in der Didaktik Diesterwegs, daß Kinder nicht genug denken lernen, wenn die Lehrer ihnen alles vor-denken, verdichtete sich z.B. im grundsätzlichen Programm der Hamburger Gemeinschaftsschulen:

>Das war das Erste und Größte, was die Lehrer, die sich zusammenfanden, vollbrachten, daß sie den Schulmeister in sich erschlugen und selber Menschen wurden, daß sie den Besserwisser, den Fehleranstreicher, den ewig unzufriedenen Nörgler aus der Schule hinauswarfen und damit den Schüler zum Menschen erlösten. In unserem Hause soll es fortan gegeben sein, daß jeder seinen Gedanken, seinen Neigungen nachging. Jedem sollte es gegeben sein, seine eigene Linie zu suchen. Und wie es bisher das unerfüllte Sehnen der Schule war, alle Kinder auf möglichst dasselbe Niveau zu heben, alle Kinder gleich schön und korrekt schreiben und lesen zu lehren, alle Geister und Charaktere gleichmäßig zu temperieren, so galt es nun, die Besonderheiten zu suchen und an Stelle des einen gleichförmigen Schulgesichts die tausend verschiedenen Gesichter zu finden« (Lamszus 1924, S. 36).

Diese Öffnung der Schule zu den Kindern hin, die Entdeckung ihrer Individualität wie auch ihrer Soziabilität, führte zu Unterrichtsformen, die sich dem spezifischen Kinde einerseits und der spezifischen Lerngruppe andererseits annäherten, binnendifferenzierende Lehr-Lern-Arrangements ermöglichten, eigenes Entscheiden der Kinder, ihr Wahlverhalten im Unterricht sowie selbständiges Handeln bzw. das Erlernen selbständigen Handelns in möglichst allen Phasen und Situationen des Unterrichtsgeschehens favorisierten bzw. die dazu notwendigen schulischen Bedingungen (offenere Lehrpläne und Stundentafeln, »Wochenarbeitsrhythmen«, Arbeits- und Selbstbildungsmittel, umgestaltete Klassenräume, Öffnung der Schule nach außen u.a.) schufen.

Handeln und Erkenntnis sollten sich in der Selbsttätigkeit der Kinder verbinden.

Die polare Spannung der beiden gegensätzlichen Zielrichtungen für die Schule, einerseits die »Zähmung der Widerspenstigen« (Flitner) und andererseits das Erlernen von selbständigem, autonomen, »freien« Handeln zu gewährleisten, wurde zwar nicht aufgelöst, die Gewichte verschoben sich jedoch deutlich in Richtung auf freiere, d.h. nicht eng geführte und ausschließlich von Lehrer oder Lehrerin dominierte Unterrichtsformen.

Dies wurde nicht zuletzt in dem prinzipiellen Bemühen von Lehrerinnen und Lehrern sichtbar, im Unterricht »zurückzutreten«, d.h., überwiegend die Kinder selbst aktiv sein zu lassen. Daß dieses Bemühen andererseits dazu führte, daß sie sich gleichsam in den Arbeits- und Selbstbildungsmitteln, in den »assignments« und den Arbeitsanweisungen »verstecken«, d.h. die ansonsten »hörbaren« zu »stummen« Lernbefehlen umformten, zeigt, daß der »Antagonismus von Freiheit und Pflicht« nach wie vor auch die reformorientierten Ansätze in der Grundschule prägt.

Bei der Charakterisierung von Wirkungen und Einflüssen der Traditionslinien wird die Frage an den Anfang gestellt, ob – mit Blick auf die zitierten Rückverweise auf sie – nicht doch dabei auf Kontinuitäten Bezug genommen wird, die es in der vermuteten Weise so gar nicht gibt.

Ganz abgesehen von der Alltagserfahrung in jeglichem erziehenden Unterricht, daß Fortschritte (als positiv empfundene Entwicklungen) und Rückschläge (als negativ empfundene Entwicklungen) sich oft unkalkulierbar abwechseln, erscheint die Beantwortung dieser Fragestellung kompliziert.

In den einzelnen Kapiteln (4.1.1 und 4.1.4) wurde schon auf die höchst unterschiedlichen Hintergründe der einzelnen Traditionslinien und auf die unterschiedlichen »Bekanntheitsgrade« in der gegenwärtigen Reformdiskussion sowie auf die Gründe dafür hingewiesen. Daraus ergibt sich die Teilantwort, daß – mit Ausnahme des in der Regel weniger bekannten Dalton-Planes – die übrigen benannten Traditionslinien für relativ häufige »Begründungsanleihen« herangezogen werden, ohne daß allerdings »Kontinuität« im Sinne prozeßhafter Entwicklung angemerkt bzw. belegt wird.

Daraus ergibt sich, daß die »Linien«, »Wege« und »Prozesse«, daß die Art und Weise, wie Elemente, Merkmale und Prinzipien aus den zurückliegenden Reformepochen in die gegenwärtige Reformepoche der Grundschule hineinwirken, vielfach gebrochen sind. Die immer erneut ansetzende, sich gegen die jeweils »alte Schule« richtende Schulreform kann generell hinsichtlich ihrer historischen wie auch und insbesondere ihrer gegenwärtigen Realität als unsteter Prozeß verstanden werden.

Überlieferungen aus der nationalen Geschichte der Pädagogik und Anstöße aus den europäischen Schulen, die z.T. auch ehemals »exportierte« Reformansätze »reimportierten«, vielfältige Veröffentlichungen über Differenzierungsmodelle und reformorientierte Ausprägungen an englischen und holländischen Schulen sowie über gleichartige und ähnliche Ansätze in deutschen Schulen (vgl. dazu Kasper 1979b; Kasper/Piechorowski 1978), Ansätze aus dem nationalem Raum (vgl. Benner/Ramseger 1981; sowie Ramseger 1985) sowie erste »Reaktionen« auf eine reformorientierte Grundschule in den öffentlichen, d.h. staatlichen Richtlinien (Sennlaub 1983) lassen, zusammengenommen mit der relativ großen Zahl und Vielfalt der eher isoliert von anderen unternommenen Reformversuche in der eigenen Klasse, ein verwirrendes Bild entstehen.

Die Wirkung von Traditionslinien, die allgemeine Einschätzung ihrer Weiterführungen, ihrer Rezeption, Adaptation oder auch teilweisen bis vollständigen Imitation von Reformelementen mit und ohne Bezug zur Literatur, zu den Autoren, kann zusammenfassend als ein *unablässig wirkender Zusammenhang im öffentlich stattfindenden und zugleich folgenreichen oder folgenlosen »Gespräch aller«* (Schreier 1989) dargestellt werden.

Zu diesem *»Gespräch aller«* gehören Vorlesung, Seminar, Colloquium, Vortrag, Referat, Diskussion, Fach-, Gruppen- und Alltagsgespräche, Pausengespräche etc. einerseits wie auch Veröffentlichungen in Zeitschriften, Büchern, Briefen etc. andererseits, und zwar insbesondere dann, wenn man dabei alle Ebenen von den Schulen über Aus- und Fortbildungseinrichtungen bis hin zu Hochschulen und sogar auch private Zirkel einbezieht, in denen Informationen und Meinungen über die Grundschule ausgetauscht bzw. vermittelt oder erarbeitet werden.

Man kann dieses *»Gespräch aller«* mit Blick auf grundschulreformerische »Strömungen« wie den WPU als ein *System mit chaotischer Struktur* bezeichnen.

Das Geschehen stellt sich dar als ein Ineinander von Absichten, die sowohl auf systematischer Aktivität wie auf mehr zufälliger, mehr vom »Hörensagen« ausgelöster Beteiligung beruhen, ein Ineinander von Folgen, Nebenfolgen, neuen Ausgangslagen und Gegenreaktionen, in dem alle – wenn auch in ganz unterschiedlicher Weise – zugleich »schieben« und »geschoben« werden.

Dies führt dazu, daß jeder »Zustand« im Diskussionsprozeß, im »Gespräch aller«, d.h. jede aktuell beschreibbare Situation, weder lenkbar noch fixierbar ist, sondern jeweils zur Ausgangssituation für eine andere, auch gegenläufige Entwicklung werden kann.

Treten bewußt gesetzte, intentionale Einwirkungen hinzu (etwa Erlasse, Konzepte, Richtlinien, Reformen »von oben« – von der Bildungsadministration – oder Beschlüsse, Absichten, Konzepte, Vorsätze »von unten« – von der Schulpraxis her), die z.B. »Strömungen« optimieren wollen, so kann eine Neustrukturierung des gesamten komplexen Systems in Gang kommen.

Alle »Zustände« bzw. alle momentan beschreibbaren Situationen existieren nur als »Fließgleichgewichte«.

Diese »Fließgleichgewichte« verändern sich unvorhersehbar; sie sind prinzipiell nicht in eine definierbare »Richtung« zu steuern.

Letztlich bedeutet dies, daß Traditionslinien auch aufgrund ihrer vielfachen »Brechung« im »Gespräch aller« und »zwischen den Epochen« nicht eigentlich zur Legitimation eigenen Handelns benutzt, sondern als Anregung für eigenes Nachdenken und Handeln unter den jeweils gegebenen Umständen und Bedingungen verstanden werden sollten.

Handlungsanweisungen für gegenwärtig notwendiges und sinnbezogenes Handeln können nur in seltenen Fällen direkt aus der pädagogischen Historie entnommen werden, da die Zielvorstellungen für konkretes Handeln nicht hinter einem, sondern stets vor einem liegen.

4.2 Gegenwärtige Praxis des WPU

WPU ist ein organisatorisches Konzept mit verhältnismäßig weitreichenden Folgen für den gesamten Unterricht. Dieses Konzept geht von der didaktischen Erkenntnis aus, daß nicht alle Kinder zur gleichen Zeit die gleichen Aufgaben bewältigen und die gleichen Lernschritte gehen können.

WPU kann – abgekürzt – so gekennzeichnet werden: Die Kinder einer Klasse erhalten zu Beginn der Woche einen schriftlichen Plan. Jedes Kind bekommt seinen eigenen Plan, auch wenn dieser zunächst identisch mit den Plänen aller anderen Kinder ist. Der Plan enthält Aufgaben aus verschiedenen Fächern bzw. Lernbereichen. Zu den weitreichenden Folgen für den Unterricht gehört folgendes: Es müssen spezielle Voraussetzungen für das Lernen geschaffen werden. Arbeits-, Übungs- und Lernmaterialien, Karteien (mit immanenten Absichten und aufbauender Struktur), Arbeitsmittel müssen nach und nach verfügbar gemacht (aus Sammlungen entliehen oder gekauft) oder zusammen mit den Kindern im Verlaufe des Unterrichts aufgebaut werden.

Räumliche Voraussetzungen müssen geschaffen werden (frei zugängliche Angebote an Material im Raum etc.), Ordnungs- und Kommunikationssysteme müssen im Klassenraum entwickelt, aufgebaut, erarbeitet, erklärt und durchgehalten werden. Es müssen Lern- und Arbeitsverfahren bei den Kindern entwickelt und eingeübt werden (eigenständiges Arbeiten, Prüf- und Selbstkontrollverfahren etc.).

Im Regelfall wird täglich eine Unterrichtsstunde für WP-Arbeit angesetzt; sie wird den Aufgabenstellungen entsprechend und gemäß der Stundentafel »verrechnet«.

Enthält der Wochenarbeitsplan z.b. Aufgaben in Deutsch, so finden außerhalb des WPU in dieser Woche nur vier Deutschstunden statt. Die Kinder arbeiten in der Wochenplanzeit eigenständig nach den Vorgaben des Plans. Sie entscheiden selbst – falls der Plan hier keine Festlegungen enthält –, ob sie alleine, mit einem Partner oder mit einer kleinen Gruppe arbeiten wollen. Die verschiedenen Möglichkeiten von Hilfestellung und Beratung – ein Merkmal von Differenzierung – nehmen die Kinder nur dann in Anspruch, wenn es sich als für sie notwendig und erforderlich erweist. Über die Reihenfolge der Tätigkeiten (Aufgabenlösungen) entscheiden die Kinder selbst, die Zeiteinteilung ist ihre eigene Sache.

Ist eine Arbeit erledigt, wird sie von den Kindern selbst kontrolliert und jeweils auf dem eigenen Plan als bearbeitet eingetragen (vgl. Mangelsdorf/Claussen 1989, S. 6f.).

4.2.1 Schwerpunkt: Pflichtprogramm

Pflichtprogramm bedeutet, daß die Kinder, die einen Wochenplan erhalten, die für sie jeweils gestellten Aufgaben ausführen *müssen*. Insofern repräsentiert WPU – bei allen Möglichkeiten zur eigenständigen Zeiteinteilung und sozialen Gruppierung – das gesellschaftlich kodifizierte »Muß« des Lehrplans als vorsorgliche Forderung an die nachfolgende Generation.

»WP-Unterricht besteht gewissermaßen in einer Zusammenfassung und Ausweitung der sonst über eine Woche verstreuten Kurzphasen von Still-, Partner- und Gruppenarbeit. Die Schüler sollen lernen, einen umfangreicheren Auftrag in eigener Regie zu bearbeiten. Beim einfachen Wochenplan haben die Kinder mehr Möglichkeiten, sich ihre Zeit einzuteilen, als sonst« (Huschke 1976, S. 5).

WPU – »trickreicher« Übungsalltag?

Sennlaub beschreibt WPU, dessen weitaus größeren Anteil er als »Pflicht« bezeichnet, wie folgt:

> »Bei Licht besehen ist das ganze Wochenprogramm nicht mehr als ein simpler Trick, den Übungsalltag attraktiv zu machen. Daß es mit so schlichtem Material möglich ist, zeigt nur, welche ungeheuer starken Motive schon ein bißchen Selbstbestimmung schafft« (1983, S. 116).

Er leitet seine Hinweise zum Wochenplan mit folgender Anmerkung ein:

> »In Zeiten ›freier Arbeit‹ erledigen die meisten ›meiner‹ Kinder am liebsten den Wochenplan. Dabei gibt es viel attraktivere Angebote. So denke jedenfalls ich. Denn mein ›WP‹ ist keineswegs ein Vorzeigebeispiel für didaktische Phantasie. Ich bastle ihn nämlich, um mir Arbeit zu sparen, ausschließlich aus alten Büchern. Und er dient ausschließlich der Übung.«

Auch in Richtlinien-Texten wird WPU teilweise ähnlich beschrieben, zugleich aber die gleiche definitorische »Öffnung« vollzogen und auch die graduelle Selbständigkeit (Sennlaub spricht gar von »Selbstbestimmung«) »vermessen«:

> »Die Arbeit nach einem Wochenplan ermöglicht Kindern, selbständiges Arbeiten in kleinen Schritten zu erlernen. Ein solcher Unterricht umfaßt mehrere Lernbereiche. In der Regel erfahren die Schüler zu Beginn einer Woche durch den ›Plan‹, welche Pflichtaufgaben sie bearbeiten müssen, für welche Zusatzaufgaben oder wahlfreie (!) Tätigkeiten sie sich entscheiden können. Darüber hinaus informiert der Wochenplan, wann und mit wieviel Stunden dieser Unterricht stattfindet und welche Hilfs- und Selbstkontrollmittel zur Verfügung stehen« (vgl. Nordrhein-Westfalen: 2. Entwurf der Grundschulrichtlinien 1983).

Strote kennzeichnet seine eigene Praxis im Zusammenhang mit WPU: »Am häufigsten erprobe ich eine Differenzierung mit Hilfe von Pflichtaufgaben und Zusatz- oder Wahlaufgaben« (1985, S. 45).

WPU kann aufgrund der herangezogenen Belegstellen (und zahlreicher anderer, die hier nicht gesondert ausgewiesen werden) überwiegend als *Pflichtprogramm* charakterisiert werden. Aus seinem überwiegend verpflichtenden Charakter ist dann auch folgerichtig jener häufig vertretene Aufgabentyp zu erklären, der sich in den meisten Veröffentlichungen findet (vgl. dazu Scheel 1977; Huschke/Mangelsdorf 1988; Strote 1985; Weyerhäuser 1988; Cischeck 1989).

Er besteht aus klaren, zumeist eindeutigen Arbeitsanweisungen mit Hinweisen auf – im jeweiligen Falle übliche – Lehrbücher, auf Arbeitsmittel, auf in der Klasse vorhandene Informationsmaterialien und auf vom Lehrer oder der Lehrerin gefertigte Arbeitsblätter. Dieser Aufgabentyp zeigt eine relativ geringe Variationsbreite.

Die hier aufgezeigte enge Beziehung zwischen Pflichtprogramm und dementsprechendem Aufgabentyp weist aus, daß in den meisten Fällen Wochenarbeitspläne Lehrer-/Lehrerinnenpläne sind, die den Kindern vor-geschrieben werden: »... ich blieb Vordeuter, Strukturierer, Vorplaner der pädagogischen Situation. Die Verwandtschaft und die Nähe zum lehrerzentrierten Unterricht blieb vor allem im Planerischen erhalten. Ich wählte die Inhalte aus und stellte das Arbeitsmaterial selbst zusammen« (Strote 1985, S. 45).

»Geschlossener« WP als Typus

Wochenarbeitspläne, die vor-geschrieben sind und als lehrerzentriert charakterisiert werden können, lösen – obwohl allseits ihr verpflichtender Anteil akzeptiert wird – vor allem auch hinsichtlich der mit ihnen zu verbindenen erzieherischen Aspekte kritische Diskussionen aus. So wurde diese Wochenarbeitsplan-Alternative als »geschlossener Wochenplan« gekennzeichnet (Mangelsdorf/Claussen 1989, S. 34), und zwar in dem Sinne, daß für Veränderungen von seiten der Kinder praktisch keine Möglichkeit mehr besteht.

Geschlossene WP enthalten nur vorgegebene Aufgaben. Bei ihnen ist keine Beteiligung und fast keine inhaltliche oder methodische Entscheidung durch die Kinder mehr möglich. Es sind in der Regel noch nicht einmal alternative Aufgaben zur Auswahl (im Sinne von Wahlpflicht) enthalten. Interessenschwerpunkte und Neigungen der Kinder einer Klasse finden keinerlei Berücksichtigung; es ist keine Öffnung in diese Richtung erkennbar.

Hinzu kommt, daß dieser Wochenplantyp meistens auch eine relativ starke Bindung an Schulbücher, d.h. an die in der jeweiligen Klasse eingeführten Lehrbücher und an – mit ähnlichen Arbeitsanweisungen versehene – Arbeitsblätter aufweist. Besondere Negativkriterien sind: Die Kinder sind »Befehlsempfänger«; die im Frontalunterricht »hörbaren« Lernbefehle sind in »stumme und lesbare« Befehle umgewandelt.

Das wesentliche Ziel, auf das hin die Kinder arbeiten, ist die Soll- bzw. die Pflichterfüllung in Verbindung mit dem WP: Sie können dabei »Druck« empfinden, Zeitnot und Konkurrenzverhalten werden regelrecht begünstigt. Der entscheidende erzieherische Aspekt ist aber, daß die Kinder sich an ihrem eigenen Lernprozeß weder initiativ noch gestaltend, auf keinen Fall aber bewußt und aktiv beteiligen können.

Es soll natürlich nicht in Abrede gestellt werden, daß auch dieser – weitverbreitete – Typ des Wochenplanes zwar schon ein erster Schritt vom Frontalunterricht weg ist, weil er Elemente von Binnendifferenzierung (z.B. differenzierte Hilfestellung, Beratung und Zuwendung von seiten des Lehrers oder der Lehrerin) enthält und faktisch auch reale Entscheidungsmöglichkeiten für die Kinder hinsichtlich Zeiteinteilung, Aufgabenreihenfolge und Sozialform zuläßt.

Insgesamt verbinden sich aber mit dem organisatorischen Instrument WP weitaus offenere, pädagogisch sinnvollere und erzieherisch wirksamere, weil weiter reichende Möglichkeiten.

Die pointiert zugespitzte Frage von D. Müller trifft bei dem von seiten des Lehrers oder der Lehrerin verfertigten und vorgeschriebenen Wochenarbeitsplan – auch mit Rückblick auf die von den Reformpädagogen der 20er Jahre beabsichtigte »Freisetzung« der Kinder – ins Zentrum der seinerzeitigen und vor allem auch der heutigen Diskussion:

>»Tendiert dieses ganze Wochenplanen nicht dazu, die Schüler zum Organisieren fremdbestimmten Lernens zu drängen und den Charakter der Fremdbestimmung zu verschleiern? ... Ich sehe die Gefahr, daß man ihm und er sich selbst vorgaukelt, er wolle dies eigentlich selbst« (D. Müller 1979).

Ganz unabhängig davon, daß hinter dieser Frage ganz offenkundig eine noch nicht abgeschlossene innere Diskussion über das Verhältnis von selbst- und fremdbestimmtem Lernen von Kindern in öffentlichen Regelschulen (siehe dazu den Abschnitt über die reformpädagogischen Ansätze Freinets) sichtbar wird, überrascht diese Fragestellung insbesondere deshalb, weil sie aus Kreisen der engagierten Freinet-Anhänger heraus gestellt wird. Es scheint, daß deren Rückgriffe auf die Konzepte Freinets über die Pflicht zum Lernen bzw. über seine Ansichten vom Pflichtanteil des Unterrichts hier nicht systematisch vorgenommen worden sind.

WPU als »Managementkonzept«?

Gleichwohl ist aber der WPU laut Hagstedt auch als »Lehrerplan« »nicht zu unterschätzen«. Er beschreibt diesen wie folgt:

>Es wird »ein Wochenplan-Typ bevorzugt, der ohne gemeinsame Aufgabenfindung und ohne individuellen Zuschnitt auskommt, ein einheitlicher Arbeitsplan, der für die ganze Klasse am Schreibtisch erstellt, der – vor allem im Übungsbereich verpflichtend – die Aufgaben der Woche auflistet« (Hagstedt 1987, S. 7).

Die – offenkundig im Gegensatz zu einem eng geführten und lehrer- bzw. lehrerinnendominierten Frontalunterricht ausgewiesenen – Vorteile sieht Hagstedt mit Blick auf die Kinder so:

»Den Schülerinnen und Schülern verschafft er
- einen Überblick über das Pflicht-Pensum. Alle Lehrererwartungen sind offengelegt. Die für die Woche gefundenen Aufgaben liegen schriftlich vor. So verplant können die Schüler/innen machen, was ihre Lehrer wollen;
- einen Überblick über die benötigten Arbeitsmittel. Der Wochenplan verteilt Karteikarten der verschiedenen Kästen und Systeme. Er bringt Licht in den Arbeitsblätter-Dschungel. Die Kinder werden sicher durch die Schulbücher geführt.«

Die Gewichte, die er in seinen Aussagen setzt, weisen deutlich aus, auf welchen anderen Unterricht er Bezug nimmt.

In diesem Zusammenhang sind auch für Lehrerinnen und Lehrer mehrere Vorteile zu nennen:

»Den Lehrerinnen und Lehrern verschafft er (der ›Lehrerplan‹ d. Verf.)
- eine organisatorische Klammer für eine Vielzahl von Aktivitäten, die gleichzeitig und weitgehend kontrolliert ablaufen können (›classroom-management‹). Der Wochenplan unterstützt eine Klassenführung, die Strukturen in den Arbeitsablauf bringt und *doch zugleich Handlungsspielräume sichert:* Freiarbeit für Lehrerinnen und Lehrer;
- ein gutes Gewissen vor sich selbst als Unterrichtsbeauftragten gegenüber Eltern und Schulaufsicht, einen Leistungsvorweis. Die wöchentlichen Übungslisten geben ausreichend Sicherheit und Legitimationshilfen. Mancherorts lassen Lehrerinnen und Lehrer die *Lernverträge gar von Schülern und Eltern unterschreiben«* (vgl. dazu auch Verfahren, die als »Kontrakte« im Dalton-Plan von Parkhurst üblich waren).

Die von Hagstedt getroffenen Aussagen umreißen insgesamt die typische *Anfangssituation* für Lehrerinnen und Lehrer, die sich – meistens im Verlaufe des Unterrichts in einer von ihnen vom ersten bis zum vierten Schuljahr »geführten« bzw. zum Lernen angeleiteten Klasse – zu einer Umgestaltung des Unterrichts im Sinne binnendifferenzierenden Lernens entscheiden.

Dieses »Durchgangsstadium« wird insbesondere in Fortbildungslehrgängen zum Thema WPU deutlich, zu denen in der

110

Regel nicht solche Lehrerinnen und Lehrer kommen, die sich *noch nicht* zu WPU entschlossen haben, sondern solche, die bereits erste Schritte in diese Richtung (mit für sie positiv oder negativ empfundenem Ergebnis) gegangen sind und nunmehr aus unterschiedlichen Motiven den Gedankenaustausch mit Kolleginnen und Kollegen aus der Schulpraxis wie mit »Experten« suchen: zum einen Bestätigung für die Zweckmäßigkeit (im Sinne ihrer Zielvorstellungen), für die »Richtigkeit« (im Sinne ihrer didaktischen Entscheidungen), zum anderen Erklärungen für die negativen Ergebnisse ihres Handelns und zum dritten Anregungen für die Weiterentwicklung des WPU, und zwar überwiegend deshalb, weil sie sich von einem Wochenplan mit ausschließlichem »Lehrer/-innenprofil« lösen und in Richtung auf einen Wochenplan mit »Schülerprofil« gehen wollen.

>»Der WP darf nicht vordergründig nur als Orientierungshilfe für Schüler/innen verstanden werden. Er bietet reformfreudigen Lehrkräften ein Management-Konzept für den *Übergang,* mit dem ein *beruhigendes Gegengewicht zu noch offeneren Lernsituationen gesetzt wird, für deren Erweiterung die Voraussetzung bei Kindern, Eltern, Kollegen/innen erst in kleinen Schritten geschaffen werden können.*
> Wo er noch als Einheitsplan ›stellvertretend‹ vor alle Lernenden erstellt wird, kann er (ein) überaus lehrergerechtes, gut handhabbares Steuerungs- und Kontrollinstrument *für den Anfang binnendifferenzierter Arbeit sein«.*

Jedoch:

>»In späteren Stadien wird er (der Wochenplan; d.Verf.) daraufhin zu überprüfen sein, ob er zum Nebelwerfer eines am Herrschaftsinteresse klebenden Unterrichts degeneriert. Denn wollte der Wochenplan nicht auch die *Planungskompetenz der Kinder erweitern, Selbsttätigkeit und Verantwortlichkeit für den eigenen Lernprozeß stärken, Vorreiter der freien Arbeit sein?«* (Hagstedt 1987, S. 7).

Damit wäre das Verbindliche und Pflichtgemäße als wesentliche Dimension eines erziehenden Unterrichts durchaus auch vor dem Hintergrund der reformpädagogischen Ansätze im gegenwärtigen reformbezogenen Zielspektrum für alle Schulstufen und damit auch für die Grundschule eingeordnet.

Empirische Überprüfung

Zu einer ähnlichen Einschätzung kommt Huschke in einer Evaluationsstudie zum WPU (Huschke 1982, S. 200ff.).

Er gibt aufgrund durchgeführter Unterrichtsbeobachtungen in der »Entwicklungsphase«, 1973/74, und der »Adaptationsphase«, 1974 bis 1978, sowie seiner Befragungen und Tonbandaufzeichnungen und ihrer Analyse dafür eine Reihe von eindrucksvollen Belegen, etwa über die »Interaktionsformen« in bezug auf Lehrerinnen und Kinder einerseits und in bezug auf den Kinder untereinander andererseits, über »direkte« und »indirekte« Hilfen der Lehrerinnen bei der Aufgabenbewältigung, insbesondere bezüglich ihrer Antreibfunktion. Eine typische Beobachtungsbeschreibung im hier diskutierten Zusammenhang (und zwar in Verbindung mit einem als »anspruchsvollsten« apostrophierten WP [S. 238] der bereits aus Pflichtaufgaben mit zusätzlichen »Angeboten« bestand): »… die Kinder waren aufgrund ihrer WP-Erfahrungen recht geschickt in der Organisation ihrer Tätigkeiten; das alles aber machte den Eindruck einer mit der Zeit etwas fade gewordenen Routine. In den beiden anderen Klassen gab es einige Wochen nach dem Start des WP-Projektes noch so etwas wie eine Euphorie des Anfangs. Die Besonderheit von Erfolgserlebnissen im Zusammenhang mit WP-Arbeit schien hier für die Kinder noch von Bedeutung und nicht geschäftsmäßiger Auftragserfüllung gewichen zu sein. Genau dies scheint mir eine der bedenklichen längerfristigen Folgen extensiver WP-Praxis zu sein oder sogar sein zu müssen …« (S. 239).

In der Zusammenfassung mit weiteren Beobachtungsergebnissen kommt Huschke zu folgendem Fazit: »Im Verlauf von längerfristigem WP-Unterricht muß dieser weiterentwikkelt werden, müssen weitergehende Herausforderungen und attraktive Variationen des Grundkonzepts eingeführt werden, wenn WP nicht auf die Dauer zu einem langweiligen Routinegeschäft der Kinder werden soll und schließlich *keine Bereicherung ihrer Schulerfahrungen mehr darstellt*« (S. 247).

Im Zusammenhang mit seiner Argumentation »für und wider WP als Rahmen für eine Didaktik der Lerngelegenheiten« wird Huschke noch deutlicher.»Gleichzeitig bleibt das WP-Konzept ... auf halbem Wege stehen; und zwar zwischen einer Konzeption von Unterricht, die davon ausgeht, zum Zwecke effektiven Lehrens müsse den Schülern immer im Detail gesagt werden, was sie zu tun haben, und jener anderen Theorie, die davon ausgeht, Schüler seien fähig und in hohem Maße dafür zu interessieren, ihre konkreten Lernziele (z.b. als Fragen an den Gegenstand) zu definieren und zu verfolgen. Es scheint, als wäre das WP-Modell einerseits Ausdruck des Bestrebens, den Kindern doch ein Stück mehr eigenverantwortlichen Handlungsspielraum zu geben und Entlastung von direktem und permanenten Anweisungs- und Forderungsdruck zu ermöglichen. Andererseits ist in dem Konzept aber die mißtrauische Erwartung institutionalisiert, die Kinder würden ohne verbindliche (WP-)Forderungen/Aufgaben, aus freien Stücken also, doch nicht die notwendigen Lernleistungen, insbesondere im Bereich der zentralen Schulfächer erbringen wollen. Im Abschnitt 3.4 (›Lehrersprache im WP-Unterricht‹ d.Verf.) wurde deutlich, wie sich diese Widersprüchlichkeit des WP im *verbalen Handeln von fünf Lehrerinnen widerspiegelt: Sie agieren primär Lernleistungen fordernd und selten indirekter, d.h. Lernleistungen fördernd*« (S. 270f.).

Seine Schlußfolgerungen aus diesen Feststellungen werden in die Überlegungen zur projektiven Weiterentwicklung des WPU im Schlußteil dieser Arbeit einbezogen werden.

4.2.2 Schwerpunkt: Begriffliche Unschärfe – das Verhältnis von WPU zu Freier Arbeit

Freie Arbeit und WPU werden in der Regel in einem Zuge genannt, etwa so, als gehörten sie begrifflich eng zusammen, seien (fast) identisch, als sei der eine Begriff ein Merkmal, ein Prinzip im Bedeutungsfeld des anderen und deshalb auch mehr oder weniger austauschbar.

Begriffliche Unschärfe und Verwischung der Grenzen sind bei beiden Begriffen zwischenzeitlich so ausgeprägt, daß sie fast beliebig benutzt werden. Es sind bisher relativ wenige Versuche unternommen worden, das sprichwörtliche »Wirrwarr« zu entwirren.

Eingangs scheint nur deutlich und belegbar (wie oben ausgeführt), daß mit WPU überwiegend ein – die personale Selbständigkeitsentwicklung unterstützendes – von verpflichtenden Anforderungen geprägtes Konzept bezeichnet werden kann.

Deshalb soll zunächst Freie Arbeit näher erörtert und an einem Beispiel belegt werden, daß allein bei der Verwendung dieses Begriffes in der Schulpraxis zahlreiche Unsicherheiten festgestellt werden können.

Beispiel: Hessische Stundentafel

Als 1968 in Hessen der Schulversuch Eingangsstufe/Differenzierte Grundschule eingeführt wurde, der in einer zweijährigen »Stufe« mit Fünf- und Sechsjährigen Elemente der Kindergarten- mit solchen der auf Schulanfang fokussierten Schulpädagogik verbinden sollte, wurde analog zum »Freispiel« im Kindergarten der aus der Reformpädagogik überlieferte Begriff der »Freien Arbeit« für die Grundschule erneut aufgegriffen, wobei es allerdings seinerzeit trotz vielfältiger Versuche nie gelang, beide Begriffe inhaltlich überzeugend zu füllen und zu definieren (vgl. dazu Hopf 1975, S. 520ff.;

v. Hentig 1973; Bönsch 1978, S. 32ff.; Rühl 1975, S. 55ff.; Skischus 1978, S. 338).

Dies zeigte sich besonders bei der administrativen Aufforderung an die Grundschulen in Hessen, die Erfahrungen aus dem »Schulversuch Eingangsstufe« zu übertragen. Freie Arbeit erwies sich sehr schnell für viele als »Leerformel«, die vielfältigsten Interpretationen und Mißdeutungen offenstand, und zwar vor allem deshalb, weil sie 1977/78 in der seinerzeit neuen Stundentafel in dem Doppelbegriff »Freie Arbeit/Differenzierung« auftauchte.

Die Diskussionen und schulpraktischen Reaktionen aufgrund des neuen Begriffs in der Stundentafel wurden nach einer gewissen Laufzeit von seiten des Hessischen Kultusministers durch Berichte auf dem administrativen Wege erhoben. Der Verfasser konnte sich durch Einblicke in die umfangreichen Berichte ein Bild davon machen, wie unterschiedlich Freie Arbeit, die für viele Lehrerinnen und Lehrer »quer« zu ihren alltäglichen Gewohnheiten lag, verstanden wurde. Die Spanne reichte von intensivem, vom Lehrer angeordneten Übungsunterricht (insbesondere für die langsamen Lerner) bis hin zu Veranstaltungen des Typs: »Jetzt könnt ihr schon eure Hausaufgaben machen« (vgl. Druckschrift Nr. 1139/0680 E »Freie Arbeit in der Grundschule«, Fuldatal 1987; in dieser Druckschrift wird auf die einschlägigen Begleiterlasse zur Stundentafel des Hessischen Kultusministers Bezug genommen).

Obwohl Lichtenstein-Rother in ihrem weitverbreiteten Werk »Schulanfang« (1969, S. 90ff.) mit zahlreichen Auflagen gewissermaßen eine inhaltliche »Brücke« bezüglich Freier Arbeit zu der Reformpädagogik der 20er Jahre geschlagen, eine zumindest in diesem Buch nicht unterbrochene Traditionslinie durchgezogen hatte, war der Begriff in der Schulpraxis seinerzeit unbekannt. Die schulöffentliche Diskussion drehte sich um Freie Arbeit *als Fach, als Impuls, als Gegenkonzept und Gegenrichtung gegen den »normalen« Unterricht* (Jahr 1978, S. 11f.), ja sogar als »Spätfolge« der antiautoritären Pädagogik. Es war seinerzeit schwierig und zeitraubend, eine inhaltliche

Füllung des Begriffes und eine Zielbestimmung zu erarbeiten (vgl. dazu Bönsch 1978, S. 13ff.).

»Frei« wurde relativ schnell als »beliebig« denunziert und im Kontext mit der Aussage »Schule soll Spaß machen« als quasi nicht ernsthaft genug und damit eigentlich »nicht schulgemäß« eingeordnet. Selbst in dem die Grundschulreform als allgemeine Zielsetzung betreibenden »Marburger Grundschulprojekt« konnte Huschke (1982, S. 273) bei den Lehrerinnen im Zusammenhang mit »freien‹, nicht durch Planforderungen vorstrukturierte(n)« Tätigkeiten feststellen, daß sie »diese Schüleraktivitäten in ihren Handlungen weitgehend ignorierten oder abwerteten als ›irgendwas tun, nur nicht rumtoben und Quatsch machen‹.« Aller anderer Unterricht mit seinem vor-geschriebenen Forderungskatalog war prinzipiell wichtiger.

Andererseits sollte auch damals schon Freie Arbeit mehr und mehr zum Prinzip des *gesamten* (nicht zu *einem* Prinzip!) Grundschulunterrichtes werden.

Schon damals wurde u.a. von Scheffer eine inhaltliche und begriffliche Verbindung mit Wochenplan hergestellt:

>»Es geht vor allem darum, durch *offene* Planungsvorgaben (z.B. Wochenpläne) den Kindern mehr und mehr verschiedene Tätigkeitsbereiche in der Schule als ›selbstgeplante‹ erfahrbar zu machen; dabei sollten sie ›schrittweise ihren Planungs- und Entscheidungsbereich in Bezug auf Inhalte erweitern‹« (1978, S. 18).

Zugleich wurde aber andererseits auch die Position entwickelt, daß Freie Arbeit »jedoch auch nicht die formale Wahlmöglichkeit zwischen geplanten alternativen Betätigungsmöglichkeiten sei«.

Im gleichen inhaltlichen und administrativen Zusammenhang wurde aber auch bereits jene Position entwickelt, die »wählen können« als didaktischen Leitbegriff für Freie Arbeit in den Mittelpunkt rückte:

>»In Phasen Freier Arbeit wählen/bestimmen/planen alle Schüler selbständig Inhalte, Ziele, Gestaltung (Methoden, Wege), Sozialform,

Zeitgliederung ihrer Aktivitäten mit *mehr* (gebundener) oder mit *weniger* (freier) Bezug zum übrigen Grundschulunterricht« (Claussen 1978, S. 39).

Zur inhaltlichen Füllung des Begriffes wurde im gleichen Zusammenhang folgendes ausgesagt:

>»Wenn Sie sich die Ziele, die in den vielfältigen Texten genannt werden, einmal genau anschauen, dann werden sie alsbald feststellen, daß es eigentlich *keine besonderen Ziele für Freie Arbeit geben kann, die nicht gleichzeitig auch für die gesamten Lernbereiche und Fächer der Grundschule gelten sollen* … Nur wenn Freie Arbeit sich … von dem üblichen Unterricht unterscheidet, indem sie den *Kindern mehr Wahlmöglichkeiten* läßt, … dann ist zu fragen, und zwar unter den gegebenen Bedingungen in den Grundschulen: *Welche Ziele können wir für Freie Arbeit in der gegenwärtigen Situation ein wenig stärker hervorheben?*« (Claussen 1978, S. 31).

Als Merkmale von Freier Arbeit in der Grundschule wurden folgende hervorgehoben:

>»Ständige Anregung zur kreativen Eigen- bzw. Selbsttätigkeit.
Ständige Anregung zum Entdecken individueller Möglichkeiten und Grenzen (z.B. Initiative, Entscheidungsfähigkeit).
Ständige Anregung zum Erproben und Weiterentwickeln von Neigungen.
Ständige Anregung zum Auffinden von eigenen Interessen.
Bezug zu vielfältigen außerschulischen Anregungen.
Soziales ›Klima‹ der Ermutigung/emotional entspannte Atmosphäre (z.B. zur Stärkung gegenseitigen Vertrauens).
Einzel-, Partner- und Gruppenarbeit (flexible Möglichkeiten zum sozialen Lernen).
Freie Arbeit nur in der Hand des Klassenlehrers.
Lehrer beobachtet, lernt kennen, berät, bietet differenzierte Hilfen an.
Materialangebot mit Aufforderungscharakter (gekauft, vom Lehrer erstellt, von den Schülern erstellt).
Spezifische Gestaltung des Klassenraumes (›wohnliche Qualitäten‹, zusammen mit den Schülern ausgeführt).«

Es kann jedoch im Rückblick nicht angenommen werden, daß diese Einschätzung samt den benannten Merkmalen eine die

Diskussion und die Schulpraxis prägende Wirkung hatten. Eher muß angenommen werden, daß »freie«, von den Kindern wählbare Tätigkeiten dort, wo sie überhaupt in den Unterricht der Grundschulen integriert wurden und nicht zuerst mangelbedingten Unterrichtskürzungen anheimfielen, ein stets »ambivalentes Angebot« (Huschke 1982, S. 273) blieben, das zwischenzeitlich zwar als prinzipiell notwendige Alternative zum und Ergänzung (individuell Wählbares) des verbindlichen Teils des Schulcurriculum akzeptiert wurde, die Funktionen der Herausforderung von Interessen und Neigungen, als »Korrektiv für die Unterrichtsplanung des Lehrers« und zudem als offener Handlungsspielraum für »diagnostische« Möglichkeiten erhielt (Huschke 1982), das aber andererseits gleichwohl mit Mißtrauen besetzt blieb, und zwar als Folge der »immer noch vorwaltenden ›Didaktik der Lernbefehle‹ in einer mißverstandenen ›Leistungsschule‹«. Neben den damit angedeuteten Ausgrenzungsmöglichkeiten für Freie Arbeit, die – in Hessen – vielfach trotz des Vorschriftcharakters der Stundentafel von Lehrerinnen und Lehrern nicht selten genutzt wurden, setzte sich die Diskussion über bzw. die Übernahme von Freier Arbeit und WPU in die Schulpraxis seitdem fort, und zwar bundesweit.

Auf diese Weiterentwicklung soll nachfolgend aus schulpädagogischer Sicht anhand von ausgewählten typischen Beispielen und Belegen eingegangen werden, und zwar von der Annahme aus, daß die beiden Begriffe vieldeutig und unscharf verwendet werden, sowie mit Blick auf das Verhältnis von Freier Arbeit und WPU im Schulalltag.

Weyerhäuser praktiziert z.b. »Wochenplan« ausschließlich im Mathematikunterricht. Sie gibt »Wochenarbeitsblätter« in ihrem Fachunterricht aus; jedes wird »montags besprochen und muß bis Freitag bearbeitet werden.«

> »Schüler/innen können die damit verbundenen Arbeitsaufträge in der Reihenfolge frei wählen … Dies führt zu Selbständigkeit und ›Unabhängigkeit‹ von der Lehrerin/dem Lehrer … Freie Arbeit ist Unterrichtsprinzip« (Weyerhäuser 1986).

Ruhland beschreibt ihren Unterricht:

>Die Kinder haben nach der täglichen Spielzeit in der E 2 jetzt in der G 1 (Gruppen- bzw. Klassenbezeichnungen des Schulversuchs Eingangsstufe in Hessen; d. Verf.) eine tägliche freie Arbeitszeit, die sie zum freien Spielen, Basteln, Werken, Lesen, zu *angeleiteten Übungen* und eben *auch zur Erledigung der Wochenarbeit* benutzen. Diese umfaßt meist drei Pflichtaufgaben … und viele weitere Lese-, Spiel- und Bastelangebote, die sich an dem Thema der Woche orientieren« (Ruhland 1987, S. 44f.).

Beide Beispiele weisen auf die hier dem Begriff Freie Arbeit bzw. freie Arbeitszeit unterlegte Bedeutung hin. In beiden Fällen wird der verpflichtende Charakter von Aufgaben betont. Die schriftliche Form des Plans, die Übertragung der anweisenden Funktion an ihn sowie der damit verbundene nicht frontal geführte Unterricht erscheinen explizit als »Unabhängigkeit« und Selbständigkeit; die Aufgabe der direkten Abhängigkeit von der engen und verbal dominierten Unterrichtsführung durch die Lehrperson entsprechen hierbei dem Verständnis vom Unterrichtsprinzip Freie Arbeit.

Lenninger, der für dem Mathematikunterricht einen Arbeitsplan mit überwiegendem Pflichtaufgabenanteil mit eindeutigen Anweisungen und mit geringen Anteilen von »zusätzlichen Aufgaben« (offenbar für die schnellen Rechner) propagiert, äußert sich zum Stichwort »Freiarbeit«:

>Mit der *Freiarbeit im Bereich der Übung* (Hervorhebung: d. Verf.) haben wir am Ende des 1. Schuljahres begonnen. Im Regelfall werden in jeder zweiten Woche jeweils zwei Unterrichtsstunden als Freiarbeit gestaltet. Die Stunden finden an zwei aufeinanderfolgenden Tagen statt, um die Hausaufgaben in die Freiarbeit einzubeziehen. *Gesteuert* wird der Unterricht durch einen Arbeitsplan in Format A 3« (Lenninger 1990, S. 10f.).

Der Lehrer unterrichtet nicht frontal; seine schriftlichen »Lernbefehle« steuern – er kann den Plan wirken lassen. Er hilft, kontrolliert, steuert Gruppenprozesse, beobachtet und notiert Lernverhalten und steuert den Lärmpegel.

Gleichsetzung von WPU und Freier Arbeit

Scheel hat mit ihrem 1977 erschienenen Buch »Offener Grundschulunterricht« eine relativ weite Verbreitung ihrer Überlegungen erreicht und fast so etwas wie eine »Vorreiterrolle« übernommen; viele berufen sich auf sie und zitieren sie. Sie grenzt Freie Arbeit gegen »Informationsunterricht« einerseits und gegen »Projektunterricht« andererseits ab und sieht wie die bisher zitierten Autoren die »Befreiung« des Unterrichts zu Freier Arbeit hin vorwiegend in ihrem eigenen Zurücktreten im Unterricht, in der Veränderung ihrer Rolle als Lehrerin. Ihre Veröffentlichung aus 1978 ist allerdings einer anderen bildungspolitischen und gesellschaftlichen Bewußtseinslage zuzuordnen als die jüngeren Veröffentlichungen; ihr alles andere zurückdrängende Hauptmotiv ist die für die frühen 70er Jahre symptomatische Auseinandersetzung mit der eigenen Rolle im Unterricht, verbunden mit der Absicht, die »alte Schule« nicht zwanghaft zu wiederholen.

Die Absicht, nicht die tagtägliche Zentralfigur für alles und jedes sein zu wollen und die Schüler mit professionellen »Tricks« auf den »tugendsamen Weg des Lernens zu führen« (S. 22), dominierte über alle anderen Motive zur Veränderung des Unterrichts.

Die Abkehr vom frontal geführten Unterricht wird dann in Anlehnung an Grell (1972, S. 75ff.) als »schülerzentrierter Unterricht« und als »Verselbständigung von Autoritäten der Schulhierarchie« (Scheel 1977, S. 25) bezeichnet, woran das projizierte Grundmotiv deutlich sichtbar wird, das Kooperation und Kommunikation mit anderen (ohne die Lehrerin) erleichtert und den Kindern mehr Verfügung über die Zeit einräumt. Zugleich wird die Erfüllung des »Grundschulpensums« als unabdingbare Notwendigkeit gesehen. Die daraus resultierende Suche nach einer Kompromißlinie (siehe dazu auch oben die Hinweise auf das »Marburger Grundschulprojekt« sowie auf die Ansätze Freinets im Rahmen der Staatsschule) führt zu uneinheitlichen und insgesamt widersprüchlichen Positionen.

Zum einen wird festgestellt, daß »ein solcher *offener Unterricht wie FA* auch offene Angebote einschließen muß« und daß als »offene Angebote« solche Aufgaben verstanden werden, bei denen die Lösung, Verwendung und Bearbeitung nicht eindeutig vorgeschrieben ist« (S. 34).

»In der FA wird auf selbständiges Strukturieren von Lernsituationen durch die Schüler unter vorgegebenen Lernzielen und freien Angeboten Wert gelegt« (S. 34f.).

Die Vermutung, daß ein »selbständiges Strukturieren von Lernsituationen« in der Freistellung von »Reihenfolge und Arbeitsorganisation« liegen könnte, wird durch entsprechende Aussagen bestätigt: »Der Umfang und die Art der Arbeit in der FA *müssen den Schülern genau bekanntgegeben werden*. Es hat sich als praktisch erwiesen, für den Zeitraum, den eine FA-Phase umfaßt, einen *schriftlichen Plan* zu erstellen« (S. 39), eben den Wochenplan bzw. den Mehrwochenplan (S. 40). »Ich plante in der Woche vorher, *was ich in der FA von den Schülern erarbeiten lassen wollte*« (S. 66).

Es erweist sich als augenfällig, daß bei Scheel Freie Arbeit und Wochenplan schlicht identisch, daß die beiden Begriffe miteinander verschmolzen sind.

»Die für mich praktikabelste Idee für die FA war der Wochenplan mit genauer Angabe der Aufgaben, des Zeitraumes und der Anzahl der Wochenstunden« (S. 41).

Unter Hinweis darauf, daß Freie Arbeit bei Scheel einen großen Zeitraum umfaßte (z.B. 8 Stunden im 4. Schuljahr, d.h. etwa ein Drittel der Pflichtstunden), ist festzuhalten, daß dem schriftlichen Wochenplan, einem »Konglomerat aus Arbeitsblättern, freien Themenvorschlägen, Buchaufgaben und Arbeitsmittelbenutzung« (S. 41ff. u. S. 61), als subtiler wirkendem Medium eine fast ausschließlich verpflichtende Funktion übertragen wird, auf die die Schüler – wenn überhaupt – allenfalls retrospektiv hinsichtlich seiner Quantität Einfluß nehmen können.

Wochenpläne wie dazugehörige Arbeitsblätter weisen dies bis ins Detail hinein aus, die dokumentierten Beispiele mit dazugehörigen Erklärungen verdeutlichen zudem, daß »Zusatz- oder Auswahlaufgaben«, d.h. die Pflichtforderungen ergänzenden Mehrforderungen und auch die »freien Angebote« – wie auch oben schon hervorgehoben –, nur eine relativ marginale Funktion übernehmen, d.h. in recht geringem Ausmaß vor-gegeben wurden. Freie Arbeit in dieser spezifischen Verbindung mit schriftlichen Wochenplänen erscheint nicht etwa als behutsame Anleitung und sanfte »Gängelung«, sondern als straff und präzise vorstrukturierte und detailliert geregelte unterrichtliche Veranstaltung, obwohl in den zugrundeliegenden Intentionen durchaus auch ganz andere Ansprüche auffindbar sind.

Mit einer – dieses Beispiel abschließenden – Anmerkung soll noch hervorgehoben werden, daß bei Scheel wie übrigens auch bei den Lehrerinnen des »Marburger Grundschulprojektes« eine deutliche Tendenz überwiegt, nämlich die erwünschte Selbständigkeit der Kinder als eine *Selbständigkeit zur Bewältigung des schriftlichen Wochenplanes* zu begreifen, nicht aber als eine Zielvorstellung für die personale Entwicklung, die über den jeweiligen Wochenplan hinausreicht und wozu der Wochenplan aufgrund seiner Herausforderungen beitragen soll, die *mittels* Wochenplan gefördert werden soll.

Auch in Veröffentlichungen aus der Mitte der 80er Jahre und später zeigen sich bezüglich des Verhältnisses von WPU und Freier Arbeit auseinanderstrebende Tendenzen.

Zum einen wird versucht, die beiden Begriffe genauer zu fassen und voneinander abzugrenzen sowie die entsprechenden unterrichtlichen Veranstaltungen gemäß der erarbeiteten Definition zu organisieren; zum anderen wird der Begriff Freie Arbeit fast deckungsgleich mit WPU verwendet (ohne diesen Begriff zu gebrauchen), d.h. als Zeitspanne für umfangreichen, sorgfältig geregelten, »durchgerechneten« und überwiegend vor-gegebenen *Übungsunterricht.*

Abrenzung von WPU und Freier Arbeit

Die erste Tendenz kann z.B. mit einer Veröffentlichung von Bambach u.a. belegt werden.

»Mit freier Arbeit und Wochenplanunterricht eröffnen sich wesentliche Möglichkeiten der Veränderung eines enggeführten Unterrichts. In der Freien Arbeit können die Kinder aus Lernangeboten wählen, die mit dem Klassenunterricht in Zusammenhang stehen, oder auch eigenen, von ihnen eingebrachten Arbeitsvorhaben nachgehen. Bei der Arbeit mit einem Wochenplan haben die Kinder die Möglichkeit, in einer vorgegebenen Zeit Pflichtaufgaben in eigener Reihenfolge zu bearbeiten und sich darüber hinaus Wahlaufgaben zuzuwenden. Dabei müssen diese Unterrichtsformen nicht den gesamten Schultag bestimmen, sondern sie sind als Ergänzung zu den Unterrichtsformen zu sehen, in denen ausschließlich die Lehrerin die Arbeit für einzelne oder alle Kinder festlegt« (1989, S. 9).

Merkmale für die in diesem Zusammenhang auch als »offenere Unterrichtsformen« gekennzeichneten schulischen Veranstaltungen sind:

»Die Kinder dürfen nun
– eigene Ideen und Vorhaben einbringen
– Aufgaben aus einem Angebot auswählen
– allein oder mit Partnern Vorhaben auswählen oder planen
– mit einem oder mehreren Partnern zusammenarbeiten
– die Reihenfolge der Aufgaben selbst bestimmen
– ihre Zeit selbst einteilen
– sich Zeit nehmen, um Gedankengänge und Arbeiten zu Ende zu führen
– individuell und differenziert lernen und üben
– ihre Arbeit selbst kontrollieren
– vielfältiges Material experimentierend und kreativ nutzen
– auf die Lehrerin zugehen, wenn sie Rat und Hilfe brauchen« (S. 9f.).

Zu diesem Ansatz, der von den öffentlichen Lehrplan-Zielsetzungen wesentlich unterstützt wird, werden folgende Möglichkeiten und Vorschläge aufgezeigt, wie Freie Arbeit systematisch und schrittweise erreicht werden kann:

»Am Ende einer Unterrichtsstunde im Klassenverband mit Stillarbeit.

Bei gleitendem Beginn des Unterrichts mit Zäsur zum ›offiziellen‹ Beginn des Klassenunterrichts.

Bei gleitendem Unterrichtsbeginn ohne Zäsur durch das Klingelzeichen.

Mit Übungsangeboten aus nur einem Lernbereich.

Einbeziehung mehrerer Lernbereiche, aber ohne Individualisierung eines Lehrgangs (als ›Freie Übungszeit‹; Einfügung durch d. Verf.).

Freie Arbeit in verschiedenen Lernbereichen mit individualisierten Lehrgängen.

Tages- und Wochenpläne« (Bambach u.a. 1989, S. 14–27; Zusammenfassung der Überschriften).

Dabei wird hierbei der auch von Hagstedt herausgearbeitete Weg, vom WPU zur Freien Arbeit zu kommen, beschrieben:

»Manche Lehrerin und Lehrer sehen im Wochenplanunterricht eine gute Möglichkeit, *um Kinder auf Freie Arbeit vorzubereiten.* Lehrerinnen und Lehrer, die Freie Arbeit lernen wollen, aber noch wenig Erfahrung mit freier Wahl und Selbstorganisation des Lernens haben, können sich mit den Kindern bei dieser Unterrichtsform ›freischwimmen‹. Hier plant und steuert die Lehrerin das Unterrichtsgeschehen. Die Inhalte sind für alle verbindlich, Freiheit besteht zunächst in der zeitlichen Organisation des eigenen Arbeitens und kann daher in kleinen Schritten erlernt werden« (S. 24).

Diese unterrichtliche Strategie vom frontalen, eng geführten Unterricht über WPU zu Freier Arbeit kann demnach unter zwei Aspekten betrachtet werden: Zum einen als eine Einstiegssituation in Richtung auf freiere, offenere Unterrichtsformen für solche Kinder, die bisher andere Gewohnheiten in der Schule erlernen und Schwierigkeiten beim Verlassen dieser Gewohnheiten haben, zum anderen aber um eine Einstiegssituation in offenere und freiere Unterrichtsformen für Lehrerinnen und Lehrer, denen es eigentlich genau so geht, weil sie tradierte Gewohnheiten aufgeben sollen. Hinter diesem doppelten Aspekt verbirgt sich eine durchaus entwicklungsfähige und überaus rationale Perspektive, die weiter unten erneut aufgegriffen werden soll.

Zugleich muß im Zusammenhang mit der beschriebenen allmählichen Freigabe von unterrichtlichen Zeitspannen für offenere und freiere Lernformen auf jene intrapersonalen »wegbegleitenden« Schwierigkeiten von Lehrerinnen und Lehrern hingewiesen werden, die solche Entwicklungen gewissermaßen »abbremsen« und die explizit oder implizit in fast allen Beispielen auffindbar sind.

Beispielsweise die »Sorge«, daß in »diesen Stunden zu wenig ›gelernt‹ werden« könne (Peisker 1989, S. 79ff.), die weiter oben zitierte »Chaosvermutung«, die »Ängste«, »daß das Material nicht reiche«, die »Sorge um die Kontrollmöglichkeiten der Schülerarbeiten«, das vermutete Unvermögen von Kindern, mit »Freiräumen« umzugehen, die willkommene Gelegenheit für »unter Druck« stehende Kinder, sich durch das »Schlupfloch« Freie Arbeit davonzumachen und die generelle große Sorge, daß auf dem Weg zu offeneren und freieren Unterrichtsformen die Kinder überhaupt weniger lernen.

Hinzu kommen Ängste, die Kinder könnten sich unter Umständen nur mit dem beschäftigen, was ihnen »Spaß macht« oder aber immer wieder dasselbe unternehmen, wie andererseits aber auch Schwierigkeiten dabei, zu akzeptieren und zuzulassen, daß unterschiedliche individuelle Entwicklungen nebeneinander ablaufen.

Aufgrund dieser Schwierigkeiten, die von Lehrerinnen und Lehrern in Regelschulen benannt werden und die der Verfasser dieser Arbeit aus seinem eigenen beruflichen Erfahrungsbereich bestätigen kann, liegt folgende zusammenfassende Einschätzung nahe:

WPU erweist sich demnach weniger als Einstieg mit Kindern auf dem Wege zu ihrer eigenen Selbständigkeit, sondern vielmehr als kontrollierbarer Ausstieg für Lehrerinnen und Lehrer aus tradierten Gewohnheiten, z.B. des überwiegend frontalen Unterrichtens. Dabei zeigt sich das Ausmaß des »Freigebens« als wesentliches didaktisches Kriterium. Während die einen das selbständige Bewältigen des vorgeschriebenen, überwiegend verbindlichen Wochenplans als letztlich erfolgreiche, wenn auch von zahlreichen Schwierigkeiten begleitete Strategie zur Veränderung ihres Unterrichts begreifen und es dann dabei belassen, ist für die anderen der WPU mit überwiegend verpflichtenden Anteilen nur der Anfang für eine längerfristige Strategie, die übrigens über die Grundschule hinausreichen müßte.

Dazu gehört, daß Kinder und Lehrpersonen behutsame, sich allmählich ausweitende Schritte in Richtung auf freiere und offenere Lernformen gehen lernen und die Bewältigung der »Ausgangsform« ohne dominante Hilfe und Beratung nicht als den erwünschten Endzustand ansehen. Mit anderen Worten: Richtmaße für eine voranschreitende didaktische Entwicklung zu offeneren Unterrichtsformen in einer Klasse bzw. im Verlaufe der Grundschulzeit sind dann die (individuell verschiedenen) Stadien in der Selbständigkeitsentwicklung bei den Kindern *und* die wachsende Professionalität beim Organisieren, Durchhalten und innovativen Weiterentwickeln von derartigen Unterrichtsstrategien.

Freie Arbeit und Übungsunterricht

Die andere – oben angedeutete – Tendenz, Freie Arbeit zu einem Feld und Zeitraum für umfangreichen Übungsunterricht zu nutzen, wird bei Kayser und Schäkel (1986) deutlich.

Aufgrund von Begündungsanleihen bei den gleichen »Anstößen« zur Freien Arbeit in der reformorientierten Diskussion zur Grundschule, jedoch unter Vermeidung des Begriffs Wochenplan werden – ihm durchaus ähnliche – Unterrichtsstrukturen aufgebaut, die ohne den Weg über einen schriftlichen Plan vor allem auf einer umfangreichen »Kartei-Buchführung« beruhen, die den Lehrkräften »Übersicht« und konsequentes Fortführen der jeweils begonnenen Arbeit erlaubt (S. 33).

Deshalb finden sich auch die entscheidenden aufschließenden Aussagen unter »Buchführung« (S. 31) und »Stundenplan und Schulorganisation« (S. 37):

»In der Anfangszeit enthielt Freie Arbeit bei uns ausschließlich
Übungsstoff und Zusatzaufgaben. Für jedes Kind führten wir drei
verschiedenfarbige Karteikarten, z.b. weiß für Sprache, gelb für
Sachunterricht und blau für Mathematik. Registerkarten mit den
Namen der Kinder erleichterten das Auffinden einer gesuchten Karte. Am Ende einer Freiarbeitsphase, manchmal auch noch während
des darauffolgenden gemeinsamen Frühstücks trugen wir alles ein,
was nicht im Briefablagekorb abgelegt werden konnte ... Beim Kor-
rigieren der schriftlichen Arbeiten notierten wir auf der entsprechenden Karteikarte, welche Aufgaben das Kind erledigt hatte. Hinweise
auf die Qualität der Arbeit ermöglichten uns, rechtzeitig Schwierigkeiten zu erkennen und geeignete Hilfen bereitzustellen oder weitere Anregungen zu geben. Da für jedes Kind in jedem Lernbereich
eine Karte geführt wurde, konnten wir schnell eine Vernachlässigung
eines Fachbereichs erkennen« (S. 32).

Und um das Bild abzurunden:

»In einem 4. Schuljahr, das seit einem Jahr allmählich an Freie Arbeit
herangeführt wurde, umfassen vier bis fünf Stunden Freie Arbeit
alles, was in den Bereichen Sprache, Mathematik und Sachunterricht
als Übungsstoff anzusehen ist: Rechtschreiben, Satzanalyse, Schreiben von Aufsätzen, Übungen zu den Grundrechenarten, Sachaufga-
ben, Übungen zum Kartenlesen, zur Artenkenntnis der Tiere und
Pflanzen und der Umgang mit Meßgeräten« (S. 38).

Auch in diesem Ansatz taucht der Begriff »selbstgesteuertes
Lernen« auf. Die Praxisbeschreibungen legen aber nahe, diesen Begriff als überhöhten Anspruch aufzufassen. Es handelt
sich um Üben anhand von steuerndem Material, steuernder
»Buchführung« und Organisation. Selbststeuerung kann sich
nur auf Aufgabenfolge und Zeitgliederung beziehen. Öffnungen analog zur wachsenden Selbständigkeit sind in diesem
Programm nicht vorgesehen; es genügt die Bewältigung der
zugeteilten und der aus dem systematisch bereitgestellten Material ausgewählten Aufgaben ohne wesentliche direkte Ein-
wirkung von Lehrpersonen während der Freien Arbeit.
Symptomatisch erscheint eine Textpassage, die überhaupt
nicht auf die individuelle personale Entwicklung während der
Grundschulzeit Bezug nimmt:

»Im Laufe der Grundschulzeit ändern sich die *Interessen der Kinder*. Das *Materialangebot* muß dem Rechnung tragen, indem z.b. zunehmend auch geographische, geschichtliche und biologische Themen berücksichtigt werden« (S. 45).

Freie Arbeit als Vorbereitung des WPU

Eine weitere Tendenz, die zum Verhältnis zwischen WPU und Freier Arbeit aufgefunden werden kann, zeigt sich an den unterrichtlichen Strategien, Freie Arbeit *als Vorbereitung für den WPU* zu begreifen und diesen wiederum als Vorbereitung für Projektunterricht.

Bei Cischeck wird z.b. eine unterrichtliche Strategie eingeschlagen, die die Kinder zunächst an allmählich zunehmende freie Wahlmöglichkeiten anhand eines wachsenden Materialangebotes gewöhnt (d.h. von Anfang an, im 1. Schuljahr), und zwar in Weiterführung der Kindergartenerfahrungen (1989, S. 13).

Diese unterrichtliche Strategie wird in der Regel dann gewählt, wenn WPU bereits vom 1. Schultag an langfristig als Ziel angestrebt wird.

Ist eine genügend große Anzahl von wählbaren Alternativen (Angeboten) im Klassenraum erreicht und sind die Kinder an das freie Auswählen gewöhnt, wird das »Angebot« (nach einem halben Jahr oder später) in einen Pflichtteil, eine Art Wahlpflichtteil (wählen müssen!) und einen ganz frei wählbaren Teil aufgespalten. Diesen frei wählbaren Teil könnte man durchaus als Freie Arbeit bezeichnen (S. 19 u. 34).

Da der Pflichtteil mit den ansteigenden Schuljahren ebenfalls zunimmt, erfordert die Erledigung der verbindlichen Aufgaben immer mehr Zeit. Im Gegensatz dazu nehmen die Wahlpflichtaufgaben und die frei wählbaren Angebote ab.

Sie verbleiben aber in dem – im herangezogenen, nicht untypischen Beispiel – von der Lehrerin vor-geschriebenen Wochenplan (dieser wird explizit aus Gründen der Arbeitsökonomie jeweils montags für alle Kinder an eine Seitentafel geschrieben) und insofern inhaltlich und auch im Bewußtsein der ihn ausführenden Kinder eng verknüpft, weil die Pflichtaufgaben *zuerst* und die übrigen *erst danach* bearbeitet werden sollen; so lautet die generelle Regel.

Diese strukturelle Verknüpfung der unterschiedlichen Anteile im Wochenplan (nimmt die Bearbeitung des Pflichtteiles die gesamte vorgesehene Zeit in Anspruch, entfällt der freiere Teil völlig) ist eine relativ häufige Ausprägung des Wochenplans. Sie zeigt, daß – wie Huschke feststellt – sich das stets »ambivalente« Verhältnis der Lehrpersonen zu freieren Angeboten (womit hier nur die mit dem spezifischen Merkmal »frei wählbar« gemeint sind, und zwar in dem – ohnehin vielfältig »gesteuerten« – vorliegenden Arbeitsmittel und Bücherfundus) generell mit ansteigenden Schuljahren in einem relativ umfangreichen, stabilen Pflichtanteil und einem marginalen, zudem stets disponiblen freieren (wahlpflichtig oder wahlfrei) Teil ausprägt und daß diese auch die Zielsetzung derer ist, die WPU praktizieren: Wenn gegen Ende der Grundschule »alles gut läuft«, dann ist das vorgestellte Ziel erreicht.

Im Zusammenhang mit Cischeck soll zunächst kritisch angemerkt werden, daß sich für die Kinder durch die deutlich markierten verpflichtenden Anforderungen in einem zunächst wahlfreien Angebot, an das sie sich gewöhnt hatten, *zieldivergente Anmutungen* ergeben, die sich alsbald und mit fortdauernder Zeit zur Gewißheit darüber verdichten, daß der Pflichtanteil die Hauptsache, der individuell wählbare aber die Nebensache wird. Sie haben keine Gelegenheit, beide Teile als gleichwertige Alternativen kennenzulernen. Sie erleben vor allen Dingen ganz deutlich, daß sie zunächst in die Richtung »In der Schule darf ich mir was auswählen« gewiesen werden, die dann, wenn sie sich ein Stück weit voranbewegt haben, in die Gegenrichtung umschlägt: »In der Schule muß ich das lernen, was mir vorgeschrieben wird«, und zwar vor allem angesichts des Umstandes, daß die erste Richtung unversehens deutlich weniger Wertschätzung erfährt. Aus diesem Grunde erscheint die gekennzeichnete Zieldivergenz am Schulanfang problematisch.

Eine insbesondere im Schulanfang nicht unähnliche unterrichtliche Strategie schlägt Marxen vor. Auf dem »Weg zum Wochenplanunterricht« (1987, S. 50ff.) beginnt sie mit Freier Arbeit, d. h. mit dem Zusammentragen von Materialien (Spiel- und Arbeitsmaterialien mit offensichtlichem Schwerpunkt in Deutsch) für genügend Auswahlmöglichkeiten für die Kinder. Sie kennzeichnet diese Phase des vorgestellten Weges als vor allem deswegen notwendig, weil sie »eine selbständige Arbeitshaltung (begründet), die für spätere Wochenplanarbeit Voraussetzung ist« (S. 52).

Für diese Wochenplanarbeit, die für sie durch ein »Mindestprogramm« das »Lernfundament für alle Kinder sichert« und außerdem Wahlaufgaben (besser: Wahlpflichtaufgaben) zur »inneren Differenzierung« sowie »auch die Freie Arbeit« umfasst, erarbeitet sie eine weitere Voraussetzung, bevor sie eigentlich mit ihr beginnt, nämlich das Lesen von Arbeitsanweisungen in zunächst symbolhafter, später schriftlicher Form, und zwar parallel zum Schriftspracherwerb. Mit diesen schriftlichen Arbeitsanweisungen (»alle nötigen Angaben« über Material, Buchseite, Heft usw.) will sie bei allen Kindern erreichen – so beschreibt sie es selbst –, daß sich später nach Ausgabe des schriftlichen Wochenplans »die Rückfragen der Kinder erübrigen«. Die Hilfen übrigens, die ihr die »weniger schwierigen Kinder« bei der Durchsetzung und Erklärung von Arbeitsanweisungen bei den »zu Hause sehr unselbständig gehaltenen Kinder(n)«, die »unnötige Fragen« stellen, leisten, wird von ihr als »gegenseitiges« Erziehen bezeichnet, »für mich ein weiterer Grund, freiere (!) Arbeitsformen vorzuziehen« (S. 52).

Spätestens mit den Arbeitsanweisungen wird auch für die Kinder sichtbar, daß die zunächst für sie an ihren Handlungs- und Entscheidungsmöglichkeiten wahrnehmbare Zielrichtung »umbiegt« und in eine andere einmündet. Mit dem Tagesplan beginnt dann bei Marxen die Aufteilung in »Pflicht- und Wahlaufgaben«, die sich im umfangreicheren und eine längere Verfügungszeit umspannenden Wochenplan fortsetzt. Die Kalamität für langsamer lernende Kinder bezüglich des Aufbrauchens von verfügbarer Zeit für das Pflichtprogramm ohne faktische Chance für Wählbares deutet sich lediglich in ihrem Hinweis auf »wenige Pflichtaufgaben« an, die »für alle Kinder der Klasse zu leisten sein sollten« (S. 52).

Damit läßt sich zusammenfassend auch bei diesem Beispiel als Zielsetzung der letztlich »funktionierende« WPU ausmachen, auf den hin mit zielkonvergenten (Arbeitsanweisungen), aber auch mit zieldivergenten Mitteln (vorgeschaltete Freie Arbeit) hingearbeitet wird. Die in Anspruch genommenen »freieren Arbeitsformen« erweisen sich als das übliche Frei-Bleiben von enger und dominanter Führung und Leitung über den schriftlichen Wochenplan hinaus, d.h. während der Bearbeitung der vor-gegebenen Aufgaben, hinsichtlich der Reihenfolge der zu lösenden Aufgaben, nicht aber hinsichtlich des Pflichtanteils. Für einen Teil der Kinder einer Klasse gibt es keine über den Pflichtanteil hinaus erreichbare individuelle Wahlfreiheit, da für sie entsprechende Angebote erst »hinter« dem Pflichtprogramm liegen.

Als (graduell) selbständig gilt, wer ohne »Rückfrage« sein Programm erledigt.

Der von Marxen markierte »gleitende« Übergang vom WPU zum »Projektunterricht« oder »Projektorientierten Lernen« (S. 51), der eigentlich einen erneuten Zielrichtungswechsel signalisiert – und zwar hin auf eine die inhaltliche und methodische Mitplanungs- und Mitentscheidungskompetenz der Kinder herausfordernde, offenere Unterrichtsform, die sich von ihrer »zeitraubenden Betroffenheit« (Rumpf) leiten läßt und bei der nicht alle Fragen schon Antworten haben –, wird von ihr auch aufgrund definitorischer Unklarheit nicht prinzipiell, sondern allenfalls episodisch realisiert.

Eine Orientierung an einer über die Grundschuljahre hin wachsende Selbständigkeit, die durch adäquate Unterrichtsformen unterstützt und gefördert wird, kann bei diesem Konzept nicht vermutet werden.

Zielstrebige Öffnung des WPU

Eine andere unterrichtliche Strategie, die sich von den bisher diskutierten unterscheidet, setzt auf eine eindeutige Zielrichtung und auf entsprechend zielkonvergente Schritte und Mittel (vgl. Mangelsdorf/Claussen 1989).
Sie beginnt »bereits in der ersten Schulwoche« und wirkt von Anfang an auf einen verbindlichen Wochenplan hin.
In sechs »Schritten« werden die Kinder zu einem »vorläufigen Plan« geleitet, der »etwa nach dem ersten Vierteljahr des ersten Schuljahres eingeführt werden« kann und bei dem Kommunikation zwischen Lehrerin und Kindern im wesentlichen durch verabredete Symbole und Piktogramme »wirkt«, die die Kinder schon »lesen« können.

»1. Schritt:	Einführung von Materialien
2. Schritt:	Arbeitsformen einüben
	(zeitlich parallel zum ersten Schritt)
3. Schritt:	Tätigkeiten nach Symbolvorgabe auswählen
4. Schritt:	Verbindliche Aufgaben zu freien Angeboten
5. Schritt:	Erweiterung von Zeit und Aufgabenumfang
6. Schritt:	Übergang zu einem vorläufigen Plan« (S. 7f.)

Zunächst gilt kurzfristig ein »öffentlicher Plan« für alle, danach gibt es einen »Wochenplan für jedes einzelne Kind«, und zwar mit der Begründung, »daß jedem Kind sein eigenes Arbeitstempo ermöglicht wird« und es die »Verantwortung für seinen eigenen Lernweg« übernehmen soll (S. 8).
Der wesentliche Unterschied gegenüber den vorher herangezogenen Beispielen besteht darin, daß Mangelsdorf nicht den zieldivergenten Umweg über Freie Arbeit, sondern den zielkonvergenten Weg zum verbindlichen Wochenplan geht, der in seiner für die Grundschule erreichbaren Form folgende Teilbereiche enthalten soll:

»Pflichtaufgaben, die für alle Kinder verbindlich sind und zu denen differenzierende Hilfe angeboten wird;

aus einem Angebot frei auswählbare Aufgaben und Aktivitäten; Möglichkeiten und Zeiträume für je eigene ›Ideen‹, Neigungen, Interessen oder Absichten;
Teile von bzw. Verknüpfungen mit offenen Unterrichtsprojekten und Sachthemen« (S. 6).

Ein zweiter wesentlicher Unterschied liegt darin, daß die beschriebene unterrichtliche Strategie zum WPU in einen interaktionalen, kommunikativen Zusammenhang eingebunden wird, der – entsprechend den evaluierten Erfahrungen aus dem »Marburger Grundschulprojekt«, an dem die Autorin mitarbeitete – Wochenpläne nicht ausschließlich vor-schreibt, sondern im Laufe der Zeit mehr und mehr zusammen mit den Kindern entstehen läßt, d.h. zielstrebig »Öffnungen« zu einem deutlich erkennbaren »Schülerprofil« hin vornimmt:

»Kinder und Lehrer/in (sammeln) Ideen für den nächsten Plan. Diese Ideen stehen in der Regel im Zusammenhang mit dem Unterricht der laufenden Woche und können aus allen Arbeitsbereichen entnommen sein« (S. 8).

Auch am »Schwarzen Brett« sammeln die Kinder Ideen. Im »Wochenschlußkreis am Freitag« wird der künftige WP vorbesprochen:

»Die Vorschläge der Kinder und die der Lehrerin/des Lehrers werden vorgestellt und besprochen. Am Ende der Gesprächsrunde steht fest, was in den Plan aufgenommen wird, was weniger geeignet ist und was evtl. an einer anderen Stelle des Unterrichts der nächsten Woche vorkommen soll oder verworfen wird« (S. 9).

Zwar hat der Lehrer/die Lehrerin »die letzte Entscheidung«, doch erweist sich dieser interaktionale, d.h. zwischen allen beteiligten Personen angelegte Kommunikationsprozeß insgesamt hinsichtlich der Ergebnisse als relativ offen.
Mit den auf einen verbindlichen Wochenplan von Anfang an zielkonvergent angelegten Schritten wird die Zielrichtung deutlich; sie braucht im Verlaufe des Schuljahres nicht geän-

dert zu werden. Für die Kinder ergibt sich auf diese Weise eine verbindliche und zugleich verläßliche Basis, die aber dann analog zu den wachsenden Erfahrungen mit Schule und Unterricht und mit zunehmender Selbständigkeit demgemäß wieder geöffnet wird, und zwar in Richtung auf mehr Mitsprache, Beteiligung, Mitgestaltung und Mitentscheidung durch die Kinder. Mit anderen Worten: Wachsende Erfahrungen und zunehmende Selbständigkeit dokumentieren sich in einer sich allmählich verändernden Forderungs- und Aufgabenstruktur des WPU. Damit erhält dieser eine über das Ende der Grundschulzeit hinausweisende Perspektive.

Den Kindern wird bei dieser unterrichtlichen Strategie ihre je eigene Lernentwicklung stärker bewußt; sie erfahren z.b. ihre zunehmende Selbständigkeit im Umgang mit schulischen Forderungen, die dann wieder zu veränderten Herausforderungen führt, daß also schulische Aufgabenstellungen ihren je eigenen Lernprozeß (z.b. erkennbar am Übungserfolg) begleiten und unterstützen. Sowohl in den gemeinsamen Beratungen mit der Lehrerin wie auch in der Vorbereitung dieser Beratungen werden sie ganz offenkundig als mitdenkende, mitplanende und mithandelnde Subjekte herausgefordert wie andererseits zugleich ernst genommen.

Ein auf diese Weise dynamisierter, sich analog zur Lernentwicklung verändernder Wochenplan umfaßt schließlich »folgende Kategorien«:

»Verbindliche Aufgaben der Lehrerin/des Lehrers (deren Notwendigkeit und Sinn für die Kinder durchschaubar gemacht wurde).«

»Vorschläge der Kinder (diese sind namentlich gekennzeichnet)«. Diese Vorschläge können auch den verbindlichen Teil betreffen. In der Regel betreffen sie aber den Wahlpflichtbereich oder eher freie Angebote.

»Leerstellen«, die nur einen Arbeitsbereich oder ein übergeordnetes Thema benennen.

Mit den »Leerstellen«, die z.b. Schreiben, Freies Schreiben, Freier Text, Lesekarte, Gedichtkartei heißen können, wird von seiten des Lehrers/der Lehrerin lediglich das verbindliche Feld markiert, in dem die Kinder individuelle Entscheidungen treffen müssen, deren praktische Folgen dann für sie verbindlich und (z.B.: Ich will eine Geschichte von einem bösen Hund schreiben!) im öffentlichen Kommunikationszusammenhang der Schulklasse bedeutsam werden.

Diese Form der Öffnung, d.h. der hier nicht präzisen Festlegung auf eine genau beschreibbare Aufgabenstellung, bedeutet gewissermaßen eine Anstiftung zur Selbstverpflichtung; jedes Kind wird angeleitet, die Verantwortung für eine selbstgetroffene Entscheidung zu übernehmen und zu tragen.

In diese »Leerstellen« können auch spezifische Aufgaben und/oder Teilaufgaben im Zusammenhang mit den parallel zum WPU ablaufenden gemeinsamen Beratungen in einer Gruppe oder aufgrund eigenen Entschlusses Aufgaben und/oder Teilaufgaben aus einem gerade laufenden Projekt in ihren individuellen Wochenplan eingetragen werden. Dadurch werden die Aufgaben für diese Kinder verbindlich.

Schließlich gibt es im Wochenplan »Angebote« für Interessenten, Spezialisten, Schnellarbeiter etc. von Kindern, die etwas Besonderes anzubieten haben ... vom Lehrer/von der Lehrerin, der/die einen guten Einfall hat etc. *Dies ist die einzige Aufgabenform, die nicht verbindlich ist.*

Darüber hinaus sollte ein Plan so kalkuliert sein, daß sich Kinder auch noch ganz freien Tätigkeiten, die nicht im Plan stehen, zuwenden können. Und auf diese freien Tätigkeiten bezieht sich die Regel, daß die Kinder frei entscheiden können, wann sie etwas tun wollen (S. 9f.). Vor einem Fazit muß noch hervorgehoben werden, daß bei dem hier herangezogenen Beispiel nicht mit Zusatzaufgaben und Freier Arbeit für die schnelleren Lerner eine individuelle Variation des Pflichtpensums versucht wird, sondern eher durch gezielte individuelle *Rücknahme* von ursprünglich verbindlichen Quantitäten aufgrund der Reaktion der Schüler (S. 34).

Als Fazit läßt sich mit Blick auf den diskutierten Schwerpunkt feststellen, daß hier eine Form des WPU beschrieben wird, bei dem für die Kinder nicht die Zielrichtung von »wählbar« auf »verbindlich« geändert und zugleich viele Öffnungen und Felder für Mitgestaltung, Selbst- und Mitentscheidung, für Selbstverpflichtung und Übernahme von Verantwortung durch die Kinder vorgesehen bzw. mit ihnen zusammen erarbeitet werden. Es besteht keine Unklarheit über eine verpflichtende und zugleich offenere und differenziertere Unterrichtsform.

Obwohl es – wenn auch in einem erkennbar geringen Ausmaß – Verknüpfungen zwischen WPU und Freier Arbeit in dem oben gekennzeichneten Sinne gibt, erscheinen sie im vorliegenden Beispiel relativ geringfügig.

Damit kommt dieses Beispiel jenen Forderungen nahe, die aufgrund der weitverbreiteten Unschärfe beim Gebrauch der Begriffe Freie Arbeit und WPU, vor allem aufgrund des problematischen Ineinandergreifens beider Unterrichtsarrangements oder der vermeintlichen Austauschbarkeit der Begriffe, in letzter Zeit häufiger gestellt werden.

Unterscheidung zwischen WPU und Freier Arbeit

Meier und Mayer-Behrens heben die Notwendigkeit begrifflicher Klarheit hervor:

>»Auch wenn die Zeiten oder Stunden der Freien Arbeit in diesem Wochenplan erscheinen, ist der grundsätzliche Unterschied zwischen Wochenplan und Freier Arbeit von pädagogischer Bedeutung.
>Der Wochenplan weist das Pensum aus, das jeder Schüler als sein Pflichtpensum zu bearbeiten hat. Der Schüler kann wählen, wann er welche Aufgaben in der ausgewiesenen Zeit dieser Woche bearbeitet. Die Aufgaben sind ihm aber mit allen anderen Kindern oder auch individuell vorgegeben.
>In der Freien Arbeit hat der Schüler das Recht, sich Aufgaben zu wählen. Dies kann sich auf einen festen Bestand an Angeboten und Aufgaben beziehen (erste Tendenz). Die Wahl kann auch die selbständige Auswahl von Gegenstand und Verfahren einschließen (zweite Tendenz).

Ist man sich dieser Unterschiede zwischen Wochenplan und Freier Arbeit bewußt, können ihre pädagogischen Wirkungen auch bewußter geplant und eingesetzt werden« (1988, S. 25f.).

Hagstedt argumentiert im gleichen Sinne, wenn auch mit anderer Akzentsetzung gegen das weitverbreitete begriffliche, inhaltliche und organisatorische Junktim von WPU und Freier Arbeit im Schulalltag:

> »Viele Schülerinnen und Schüler haben begriffen, daß Wochenplanarbeit gerade nicht als ›Arbeit frei vom Lehrer‹ organisiert werden kann. Die ihnen überlassene Zeiteinteilung allein macht noch keine ›freie Arbeit‹.
> Ich plädierte deshalb dafür, das Konzept der freien Arbeit ganz von der Wochenplanerei zu lösen. Die Kinder durchschauen die Wochenplan-Freiheiten ohnehin schnell. Ein zehnjähriges Mädchen beschreibt das Verhältnis nüchtern so: ›Ich beeile mich immer mit dem Wochenplan, damit ich freie Arbeit machen kann!‹« (1987, S. 7)

Diese faktische Trennung der beiden Unterrichtsarrangements könnte perspektivisch bedeuten, daß insbesondere die lernschwachen und langsamer lernenden Kinder aus dem für sie äußerst problematischen, ihre Lernchancen und ihre Lernmotivation beeinträchtigenden »Junktim« (*erst* der verbindliche, *dann erst* der frei wählbare Anteil des Wochenplanes) befreit würden. Zeit und Gelegenheit zur Freien Arbeit müßte für *alle* Kinder, insbesondere für die Lernschwachen und die Langsamen, garantiert sein.

Für einen didaktisch eindeutig definierten und begründeten WP als potentiell offene, differenzierende und zugleich verbindliche Unterrichtsform, die in einen interaktional organisierten Kommunikationszusammenhang eingebunden ist, müßte zudem die oben aufgefundene unterrichtliche Strategie »Von der Freien Arbeit zum WPU« aufgegeben werden.

Demgegenüber müßte die sich mit der zunehmenden Selbständigkeit der Kinder verändernde, sich mehr und mehr Formen der Selbstverpflichtung zum und der Verantwortungsübernahme für den eigenen Lernprozeß hin öffnende Form des WPU aufgegriffen und als Reformziele und erziehenden Unterricht unterstützendes Unterrichtsarrangement stufenübergreifend entwickelt werden.

Dies setzt definitorische Klarheit voraus. Es wird deshalb an dieser Stelle schon im Vorgriff auf die spätere Zusammenfassung folgende Abgrenzung zwischen WPU und Freier Arbeit vorgeschlagen:

– WPU bedeutet ein generelles, verbindliches Pensum für alle, das um ein individuell verändertes, gleichwohl verbindliches Pensum ergänzt (mehr, weniger; einfacher, anspruchsvoller; leichter, schwerer) bzw. ersetzt werden kann.

In Befehlsform und an Kinder gerichtet, sollte die eindeutige Botschaft dieses Wochenplanteiles heißen:»Du mußt ausführen!«

– WPU enthält darüber hinaus einen Wahlpflicht-Teil. Er bedeutet z.b. hinsichtlich deutlich markierter»Leerstellen« eine Aufforderung zur Selbstverpflichtung in genau gekennzeichneten Lern- und Handlungsfeldern. In diesem Zusammenhang wird auch an den Begriff des»Kontraktes« im Sinne von Arbeitsvertrag bzw. abgesprochener Arbeit, z.B. bei Parkhurst und bei Freinet, erinnert.

Sowohl aufgrund einer variabel zu praktizierenden Vor-Gabe von genau benannten Alternativen wie auch markierten offenen Entscheidungsfeldern sollte die eindeutige Botschaft dieses Teiles heißen:»Du mußt wählen; du mußt dich zwischen Alternativen entscheiden!«

Freie Arbeit hingegen mit *garantierter Zeit* für alle Kinder bedeutet – in Anlehnung und unter Bezug auf die oben referierte umfangreiche Beschreibung ihrer Merkmale – daß alle Kinder dann frei wählen können, welche Aufgaben sie bearbeiten wollen, ohne daß diese Absichten etwa mit einem Hinweis auf Unerledigtes begrenzt werden könnten.

In der Regel wird sich die Freie Arbeit auf das in der Lernumgebung vorhandene Angebot von Arbeitsmitteln, Arbeitsblättern, Arbeits- und Lerngelegenheiten und Büchern beziehen, wie übrigens auch der Wochenplan, d.h., WPU und Freie Arbeit nutzen identische Materialien, die auch durch lehrplanbezogene Kriterien »gesteuert« sind. Die Botschaft der Freien Arbeit sollte heißen: »Du hast freie Wahl!«

Darüber hinaus sollte es die Schule ermöglichen, daß sich die Lern-, Auswahl- und Entscheidungsabsichten der Kinder auch auf Lern- und Handlungsmöglichkeiten jenseits des – in der unmittelbaren Lernumgebung vorhandenen – Materialienangebotes richten können, daß sie aus eigenen Stücken weiterführende Interessen und Neigungen zeigen, die sich aufgrund der schulischen Rahmenbedingungen realisieren lassen, und sich mit selbstgewählten Lerngegenständen auseinandersetzen, die auch nicht im Lehrplan stehen. Für eine auf solche Weise erweiterte Freie Arbeit sollte die Botschaft heißen: »Du kannst ganz frei entscheiden!«

4.2.3 Schwerpunkt: WPU als »leerer Rahmen«?

Die Hervorhebung des Wochenplans als »Konzept der Unterrichtsorganisation« (Huschke), als empfehlenswerte Organisationsform (Meier/Mayer-Behrens), seine Kennzeichnung als »Instrument selbständigen Lernens« (Scheffer) mit der intendierten Möglichkeit zu innerer Differenzierung und mit dem Ziel, selbständiges Lernen und Mitgestaltung des Unterrichts durch die Kinder zu ermöglichen, legen die Vermutung nahe, daß Wochenplan ein eindeutig definierbares und anhand von eindeutigen Merkmalen beschreibbares reformorientiertes Konzept sei, das durch spezifische eigene, ihm innewohnende Zieldimensionen zu charakterisieren wäre.

WPU gilt so als Beleg für Innovationsbereitschaft der ihn Praktizierenden und für ein reformorientiertes »Profil« derjenigen Grundschulen, in denen er aufzufinden ist. Insbesondere werden die eigenständige Zeiteinteilung und die Organisation von Arbeitsprozessen für die Kinder (individueller Arbeitsrhythmus), eine für Kinder durchschaubarerere Arbeitsplanung, die partielle »Überwälzung« von Verantwortung für den eigenen Lernprozeß auf die Kinder, die zumindest zeitweise Abkehr von dem dominierenden und den Schulalltag im Übermaß prägenden Frontalunterricht (in dem Lehrerinnen und Lehrer alle Lern-, Arbeits-, Interaktions- und Kommunikationsprozesse »im Griff« haben) sowie die prinzipielle Möglichkeit für Kinder, sich dann entstehende Freiräume anzueignen, in diesem Zusammenhang angemerkt.

Andererseits – und darauf ist bereits in der einleitenden Problemskizze eingegangen worden – wird vielfach in der jüngsten Diskussionsphase zum WPU die Vermutung laut, die Arbeit nach Wochenplan sei *nicht a priori* ein Nachweis guten Unterrichts, der sich am Lernen von Grundschulkindern orientiert und aufgrund erziehungswissenschaftlicher, lerntheoretischer und lernpsychologischer Erkenntnisse konzipiert worden ist (vgl. dazu die kritischen Einwände insbesondere von Hagstedt, auch von Kohls). Mit anderen Worten: Die Vermutungen gehen dahin, daß WPU, verstanden als Konzept für Unterrichtsorganisation, grundsätzlich und faktisch als »leerer Rahmen« für vielfältige, auch traditionelle und inzwischen als »nicht reformorientiert« apostrophierte Unterrichtskonzepte begriffen werden könne, daß die unterrichtspraktische Arbeit mit Wochenplänen durchaus keine Garantie für schülerzentrierten Unterricht sein müsse und daß ein Wochenplan nicht durch ihm eigene Zieldimensionen charakterisiert werden könne.

Es fällt auf, daß WPU (etwa in der Form und Ausprägung, die die Lehrerinnen im »Marburger Grundschulprojekt« praktizierten) bereits als Kompromiß zwischen an sich noch weiter reichenden innovativen Absichten und den als generell dafür ungünstigen Bedingungen der jeweils vorfindlichen Schulrealität begriffen wird, d.h. eigentlich das »Äußerste« an Veränderungen darstellt, was überhaupt zu erreichen ist.

Daß dies insbesondere im Zusammenhang mit dem Konzeptziel »Selbststeuerung« bzw. »Selbständigkeit« ausgesagt wird, weist darauf hin, daß vor der praktischen Erprobung ein vorgängiges Zielspektrum für das unterrichtsorganisatorische Konzept WPU existiert, das aufgrund von Erfahrungen und unter Praxisbedingungen modifiziert bzw. z.B. hinsichtlich seines Anspruchs – der u.U. gar nicht aufgegeben wird – reduziert werden muß. Die Erprobung kann andererseits zu der Erkenntnis führen, daß die gewählten Mittel (etwa der schriftliche Plan in der bekannten und weithin gebräuchlichen Form) alleine nicht automatisch den intendierten Unterricht hervorbringt, so daß andere Aspekte des Unterrichts in den Blick genommen werden müssen.

So kommt Huschke beispielsweise in seiner Evaluationsstudie zu folgender Fragestellung:

»Die Chance des WP-Konzeptes, günstige Voraussetzungen für differenzierte, aufgabenbezogene Hilfen des Lehrers zu schaffen, scheint doch eher wenig genutzt worden zu sein. Liegt das im WP, weil dieser eben komplizierte Managementtätigkeit der Kinder erfordert, die sie ohne Hilfe nicht zu bewältigen vermögen, oder wirkt hier die ›didaktische Kultur‹ an unseren Schulen in den WP-Unterricht hinein?« (1982, S. 215).

Die hinter der Frage stehende Beobachtung, daß die »günstigen Voraussetzungen« aufgrund des WP-Konzepts praktisch nicht ausgeschöpft worden sind, weist in zwei Richtungen. Zum einen auf tatsächlich weiter reichende Intentionen, die von Anfang an mit dem Konzept verbunden waren, und zum anderen auf die Repräsentantinnen der »didaktischen Kultur«, d.h. auf die Lehrerinnen, die ihre erworbenen, eingeübten und gewohnten Lehrpraktiken offenbar bruchlos in einem neuen Rahmen weiterführen konnten.

Die der Arbeit mit dem Wochenplan vorausgehenden pädagogisch-didaktischen je eigenen Konzeptionen und Intentionen sowie das weiter unten noch zu erörternde davon bestimmte unterrichtliche Handeln von Lehrerinnen und Lehrern sind ganz offensichtlich entscheidend für das, was *auch* in Verbindung mit dem unterrichtsorganisatorischen Konzept WPU im Unterricht passiert.

Huschke (1982) sammelt in seiner Evaluationsstudie eine Anzahl von vorher formulierten Annahmen, die sich mit dem von ihm beobachteten WPU verbinden, den er als »Chance« und als »günstige Voraussetzung« für ihre Realisierung bezeichnet.

In seinem Beobachtungsfeld von vier Klassen wurde durch die »Wirksamkeit einengender Rahmenbedingungen« (S. 215) ohnehin (nur) ein Wochenplan praktiziert, der ohne Beteiligung der Kinder und einheitlich für alle hergestellt worden war.

Gleichwohl verbanden sich auch mit dieser nach seinen Worten »einfachen« Form die Annahmen, daß sich

- frontale Situation wesentlich verringern,
- die gruppenbezogene Arbeit der Lehrerinnen verstärkt,
- die Arbeitsphasen der Kinder verlängern,
- Orientierungslosigkeit und Überforderung bei Kindern verringern,
- die direkten Lehrer-Schüler-Kontakte vermehren,
- individuelle aufgabenbezogene Aktivitäten vermehren,
- soziale aufgabenbezogene Kontakte vermehren,
- die informelle Kommunikation vermehrt und
- Störungen in der Arbeitstätigkeit verringern.

Diese durch differenziert formulierte Annahmen gekennzeichnete Annäherung an mehr Selbsttätigkeit und graduell selbständigere Ausführung von Anweisungen sowie an stärkere soziale Kontakte der Kinder hat sich – wenn man den Ergebnissen der Evaluationsstudie folgt – mit einer Ausnahme voll und ganz bestätigt. Lediglich die »Orientierungslosigkeit« von Kindern bezüglich der Anforderungen von Planaufgaben und des für sie notwendigen Verständnisses konnte nur teilweise abgebaut werden, z.T. hat sie sich dadurch – zumindest zeitweilig – verstärkt.

Besonders deutlich war die Zunahme von individuellen und sozialen aufgabenbezogenen Aktivitäten; Kooperation fand häufiger statt, und die »Arbeitsdisziplin« war »bemerkenswert hoch«. Auch das eigenständige Arbeiten der Kinder nahm deutlich zu, wenngleich auch auffiel, daß die Fortschritte bezüglich graduell selbständigeren Erledigens der Wochenplanaufgaben bei den Schülern am größten waren, deren Arbeitsverhalten vor Einführung des Wochenplans von ihren Lehrerinnen günstig im Sinne von Selbständigkeit und Effektivität eingeschätzt worden war (was im übrigen für die Annahme eine differenziert vorauszusetzenden »Selbstkonzepts« bei den Kindern spricht).

Aufgrund der Ergebnisse kann als bestätigt gelten, daß – bei den vier beachteten Klassen – Entlastung vom »Druck« und vom »Anforderungsstreß« stattfand wie auch Entlastung vom Zwang eines einheitlich vorgegebenen Arbeitstempos (S. 248).

Die Kinder selbst teilten explizit mit, daß sie mehr Chancen zum »Drankommen« hätten; alle Beteiligten empfanden den Rahmen für pädagogische Interaktionen und Interventionen günstiger.

Alle bestätigten Annahmen weisen deutlich auf ein vorab entschiedenes, gewolltes mehr »schülerzentriertes« Profil des Unterrichts hin.

Die Absicht beispielsweise, den Kindern stärkere soziale Beziehungen ermöglichen zu wollen, und auch die didaktischen Vorüberlegungen, wie in unterrichtlichen Arrangements die Notwendigkeit zur Kooperation geschaffen werden könne, ohne daß Kooperation nur ständige Forderung »von außen« sei sowie die darauf hin orientierten Handlungsweisen von Lehrer oder Lehrerin zur Herausforderung und differenzierter Förderung von sozialen Beziehungen und Kooperation gehen dem WPU voraus; dies ist vorher entschieden und vorher vorhanden, auch und insbesondere die erzieherische Absicht.

WPU hat nicht per se eine »Präferenz für kooperatives Arbeiten« (S. 251).

Besonders aufschlußreich ist ein Hinweis Huschkes, der im übrigen seine Evaluationsstudie selbst hinsichtlich ihrer Aussagenreichweite relativiert (S. 228) und zur »notwendigen Skepsis« auffordert (S. 234), daß nämlich schon in den vier von ihm evaluierten Klassen (deren 5 Lehrerinnen relativ eng zusammenarbeiteten) eine »unterschiedliche Realisation« von WPU vorgenommen wurde.

Dies entspricht einer Feststellung Hagstedts: »Die in der Praxis kreierten Wochenplantypen allerdings fallen so unterschiedlich aus wie die Unterrichtsstile ihrer Schöpfer« (1987, S. 4).

Beide Hinweise nehmen die zweite Fragerichtung auf, nämlich die nach der vorhandenen »didaktischen Kultur«, d.h. nach den unterrichtlichen »Handlungsstilen«, Handlungsweisen oder Handlungsgewohnheiten von Lehrerinnen und Lehrern, die ihrem bisher vorhandenen und praktizierten Repertoire ein neues Element, den Wochenplan hinzufügen (wollen).

Zum Hinweis Hagstedts soll allerdings noch kritisch eingewandt werden, daß sich die »didaktische Kultur« nur sehr vermittelt, sicherlich jedoch nur unvollständig allein aus den »Wochenplantypen«, d.h. den dokumentierten Belegen, erschließen läßt, sondern vor allem aus dem durch begleitende Beobachtung erschlossenen unterrichtlichen Gesamtzusammenhang.

Bezüglich des sich um den Wochenplan erweiternden Repertoires eines Lehrers erscheint bereits bedeutsam, ob er von der Notwendigkeit dieser Erweiterung überzeugt ist. Huschke deutet bei einer Lehrerin an, wie ihre im Unterricht wahrnehmbare Unentschiedenheit, ob sie WPU als praktizieren solle oder nicht, deutliche »Verunsicherung der Kinder zur Folge« hatte.

Die Chancen der Kinder zu vermehrter Interaktion mit der Lehrerin sind auch in der Unterrichtsform mit Wochenplänen dann gering, wenn die Lehrerin die Bedeutung von Kooperation und Interaktion deutlich nachrangig gegenüber der individuellen Erledigung von Aufgaben ansieht und wenn sie z.B. die vorhandenen Chancen für differenzierte Hilfestellung und Beratung nicht sieht, nicht für wichtig hält und deshalb nicht nutzt.

Bei der begleitenden Beobachtung fiel auf, wie unterschiedlich die fünf Lehrerinnen versuchten, die »erfolgreiche Planbearbeitung zu gewährleisten« (Huschke 1982, S. 256). So überwogen die Handlungsweisen der Lehrerinnen, die das Arbeiten am Wochenplan »in Gang bringen sollten.« Folgende zusammenfassende Befunde lassen sich finden:

> »Es scheint, als hätten die Lehrerinnen ihre Aufgabe hauptsächlich darin gesehen, den Kindern Anforderungen klar zu machen und Entscheidungen für das Bearbeiten bestimmter Aufgaben zu forcieren, um dann die Kinder mit den Schwierigkeiten der Aufgaben selber doch eher allein zu lassen« (S. 237).
> »Es scheint, als wäre es den Lehrerinnen schwergefallen, sich im Rahmen des WP-Unterrichts vorwiegend in inhaltliche Aktivitäten der Kinder einzuschalten, sei es bei der Bearbeitung der Planaufgaben oder bei freien Tätigkeiten der Kinder. Statt dessen scheinen sie primär strukturierend, organisierend und fordernd agiert zu haben« (S. 241).

Und er bezeichnet es durchaus als eine offene Frage, ob sich z.B. die Lehrerinnen auch bei der Wochenplanarbeit mehr auf die gleichen Kinder konzentrierten wie im Frontalunterricht oder auf andere.

Die inhaltsbezogenen Probleme bei der Bearbeitung *vorgegebener Aufgaben* überwogen.

> »Es scheint, als motiviere das WP-Konzept die fünf Lehrerinnen, alle sehr *engagierte* und ›*fortschrittliche*‹ Vertreterinnen ihres Berufes, nur sehr begrenzt, in wünschenswerte pädagogische Interaktionen einzutreten« (S. 265).

Sie realisierten überwiegend Äußerungen, die »Druck« verstärkten (z.B. Hinweise auf die knappe Zeit), die die Disziplin einforderten und den Unterricht »strukturierten«.

Verbale Hilfen im direkten Kontakt zu Kindern oder Gruppen bestanden »leider sehr oft« in der Wiederholung des Anweisungstextes aus dem schriftlichen Plan in nachdrücklicher Form, d.h. als direkte, wiederholte Forderung und nicht in differenzierter Hilfestellung zum vorliegenden subjektiven Problem, etwa nach dem Prinzip der minimalen fördernden Hilfe oder der »Hilfe zur Selbsthilfe«. Auch die Versuche, Kontakte zwischen den Kindern zu vermitteln, waren eher fordernd statt fördernd.

Die geringe Wertschätzung von freieren Aktivitäten gegenüber den vorgegebenen Planaufgaben prägte den beobachteten WPU. Seine zusammenfassende Folgerung:

> »Das WP-Konzept kann also von Lehrern und Schülern in unterschiedlicher Weise genutzt werden, es führt nicht per se zu einer Veränderung von Schülerarbeitsstrategien in einer erwünschten Richtung« S. 224).

Verbesserungen – etwa des graduell selbständigeren Arbeitens – sind zwar möglich, aber nicht automatische Folge einer Einführung des WPU, auch nicht das Verhältnis von Pflicht zu frei Wählbarem.

> »Primär wird das WP-Konzept als eine bestimmte Art verstanden, Leistungsforderungen an die Schüler zu stellen. In ihrem verbalen WP-Handeln verlängern die Lehrerinnen gewissermaßen dominant diesen Forderungsdruck. Ihre wesentliche Sorge, wie sie sich in der Wahl und den Schwerpunkten ihrer Handlungsweisen zeigte, gilt der Erfüllung der Forderungen. Es kommen nur sehr wenige Episoden vor, in denen nicht der schnellste Weg zum Resultat, sondern das mehr indirekte Ansprechen, Aufgreifen, Verstärken und Weiterführen von Elementen der kindlichen Lern- und Arbeitsprozesse Leitlinie pädagogischen Handelns gewesen wäre ... Die Beziehung zwischen Sache und Subjekt nehmen die Lehrerinnen aber primär von den vordefinierten Ergebnissen her wahr« (S. 265).

Die Ergebnisse der Evaluationsstudie sind an dieser Stelle so ausführlich referiert worden, weil sie nicht nur die seinerzeitigen, sondern auch gegenwärtige Schwierigkeiten bei innovativen Veränderungen in der Schulpraxis markieren, die diesen entgegenstehen oder die sie auslösen, zum anderen aber auch, weil sie zeigen, daß Unterricht nach Wochenplan in der konkreten Unterrichtssituation letztlich nur *eine* veränderte Bedingung bedeutet, die bei gleichbleibenden anderen Bedingungen (wozu z.b. das unveränderte didaktische und erzieherische Handlungsrepertoire von Lehrerinnen und Lehrern gehören kann) einschließlich deren expliziten und impliziten Intentionen dann auch – wenn diese nicht reformorientiert sind – zu einem wenig reformorientierten Unterrichtskonzept zusammenfließen kann. So folgt etwa – um dies an einem Beispiel zu zeigen – aus einem einheitlichen Wochenplan für alle Kinder mit demgemäß einheitlichen Lernbefehlen für alle, daß grundsätzlich eine individuelle »Passung« zwischen Aufgaben und den Lernvoraussetzungen der Kinder nicht möglich sein wird.

Huschkes Feststellung, das WP-Konzept sei »auf halbem Wege stehengeblieben« (S. 270), ist deshalb auch nur mit der von ihm hinzugefügten Ausgangslage (Didaktik der »vereinheitlichen Lernbefehle«) und der ebenfalls skizzierten Zielvorstellung (ein differenziertes, flexibles und durchschaubares System von »Lerngelegenheiten«) richtig einzuordnen und zu verstehen.

Aus seinen zusammengefaßten Ergebnissen läßt sich feststellen, daß in seinem Beobachtungsbereich für die handelnden Personen offenkundig Hauptsache war, das neue Element Wochenplan in ihrem Unterrichtsalltag handhaben und so bewältigen zu lernen, daß der Unterricht mit Blick auf die von ihnen angezielten (erwarteten) Lernergebnisse bei den Kindern mehr oder weniger reibungslos »funktionierte«. Sie sahen diesen – immerhin erwünschten – Zustand (Wochenplan als bei ihnen etablierte Unterrichtsform) als Ziel an und widmeten sich seiner Erreichung mit Energie und Engagement. Die von den vorher formulierten weiter reichenden Zielsetzungen ableitbaren und vorstellbaren Veränderungsmöglichkeiten und Entwicklungsperspektiven für den WPU waren nicht ihr eigentliches Problem.

Selbständigkeit und »Selbststeuerung« der Kinder wurde ausschließlich mit Blick auf die möglichst »rückfragenfreie«, kompliktionsfreie und eigenständige Bewältigung der vorgegebenen Wochenplanforderungen definiert.

Von daher gesehen wäre WPU als ein statistisches Konzept zu kennzeichnen:»Der Standard-WP erweist sich als ziemlich starr« (S. 271).

Dies verweist auch auf die schon mehrfach angesprochene uneinheitliche Quellenlage zum WPU, die überwiegend in der Zeit nach dem »Marburger Grundschulprojekt« und den darüber veröffentlichten Berichten entstanden ist. Diese uneinheitliche Quellenlage mit ihren überaus vielfältigen, überwiegend unterrichtspraktischen und detaillierten Ausprägungen wird vorwiegend so interpretiert, daß sie im wesentlichen *unterschiedliche Entwicklungsstadien* widerspiegelt, die aber zum größten Teil nicht von den faktisch vorhandenen Entwicklungsperspektiven bestimmt werden, die im Zusammenhang mit dem unterrichtsorganisatorischen Konzept WPU entfaltet und gestaltet werden könnten. Sie werden eher von daher bestimmt, wie weit beim »Einstieg« in WPU und nach erfolgtem »Ausstieg« aus überwiegend frontalen Unterrichtsformen die zurückgelegten innovativen Schritte reichen, in welchem Ausmaß bei der Übernahme des Elementes »Wochenplan« auch Veränderungen im bereits vorhandenen Handlungsrepertoire, d.h. »Vermittlungen« zwischen »Altem« und »Neuem«, stattgefunden haben und in welchem Umfange Kompromisse mit den obwaltenden Bedingungen in der Lerngruppe und dem schulischen Umfeld vorgenommen werden mußten.

Wenn WPU in der Grundschule als *Zielvorstellung,* nicht aber als »*Durchgangsstadium*« auf dem Wege der Kinder zur je eigenen Selbständigkeit angesehen und demgemäß konzipiert wird, bleibt die Chance, aus dem statischen ein dynamisches Konzept zu entwickeln, verhältnismäßig gering.

Das bedeutet, daß WPU mit einer längerfristigen, d.h. über die Grundschule hinausführenden Perspektive verbunden werden muß. Wenn WPU nicht mit der längerfristigen Perspektive, mit der Zielkategorie Selbständigkeit und einer konsequenten unterrichtspraktischen Herausforderung und Förderung von zunehmender Selbständigkeit verbunden wird (wobei Arbeit nach Wochenplan stets in Verbindung mit zahlreichen anderen Konzepten zu sehen ist, die in ähnlicher Weise strukturiert sind), dann bleibt dieses Konzept tatsächlich ambivalent und von unterschiedlichen, auch gegensätzlichen Zielsetzungen her nutzbar und kann nicht per se als reformorientiert gelten.

Andererseits könnte Arbeit nach Wochenplan, wenn sie mit der genannten längerfristigen Perspektive verbunden wäre, die zunehmende Selbständigkeit von Kindern gewissermaßen durch entsprechende Veränderungen im Plan selbst sichtbar machen und auch für die lernenden Kinder dokumentieren. Es »müssen weitergehende Herausforderungen und attraktive Variationen des Grundkonzepts ... eingeführt werden, wenn WP nicht auf die Dauer zu einem langweiligen Routinegeschäft für die Kinder werden soll und schließlich keine Bereicherung ihrer Schulerfahrung mehr darstellt« (S. 247).

Nun bedeutet das Ende der Grundschulzeit, die letzte Phase der Grundstufe der öffentlichen Schule *vor* der Verteilung der Kinder auf die unterschiedlichen Bildungsgänge, im Bewußtsein der Grundschullehrer/-innen faktisch auch die Beendigung ihrer Bildungs- und Erziehungsanstrengungen.

Über die Grundschulzeit hinaus werden – wie dies einer längerfristigen Perspektive eigentlich entspräche – kaum Vorstellungen entwickelt; es wird – aus naheliegenden Gründen – kein weiter reichendes Konzept entwickelt und kaum Anlaß für weiter reichende Verantwortung empfunden: Die Kinder werden »abgegeben« und von den Lehrerinnen und Lehrern aus der Sekundarstufe »abgeholt«. Kooperationen zwischen der Grundschule als »Stufe« und den weiterführenden Schulen erschöpfen sich fast ausnahmslos in wechselseitig erhobenen Forderungen und in »Abgleichungen« von Unterrichtsstoff.

Konzeptionelle Abstimmungen zwischen Primar- und Sekundarstufe sind zwar zunehmend zu finden, bleiben aber (noch) Ausnahmen.

Für die Grundschule und die in ihr Handelnden ist die letzte Zeitphase mit Entscheidung für und Verteilung auf weiterführende Bildungsgänge deshalb so bedeutsam, weil sich hier ihre Bildungs- und Erziehungsbemühungen für alle Kinder erfüllen (sollen). Alle zielorientierten Vorstellungen konzentrieren sich gewissermaßen auf diese Zeitphase.

Kontinuität im Sinne einer prozeßhaften, weiterführenden und die grundgelegten Lernentwicklungen systematisch aufgreifenden Konzeption der Schulformen in der Sekundarstufe wird nicht für wahrscheinlich gehalten; sie wird nicht erwartet und hat deshalb auch kaum oder keine praktischen Folgen für die Grundschule. Mit anderen Worten: Für den WPU in der Grundschule bedeutet dies, daß die oben beschriebene Verknüpfung mit einer längerfristigen, über die Grundschule hinausführenden Perspektive, d.h. der Zielkategorie Selbständigkeit, faktisch nur unter erschwerten Bedingungen vorstellbar und realisierbar wird. Die Einengung des WPU auf den Bereich der Grundschule erscheint deshalb als eine wesentliche Behinderung seiner Entwicklungsmöglichkeiten. Andererseits könnten eine Öffnung der weiterführenden Schulen für das dynamisch gedachte und stets in einem reformorientierten Kontext gesehene WPU-Konzept – wie das bisher in leider viel zu wenigen Fällen geschehen ist – und eine lernprozeßorientierte Weiterführung der in der Grundschule grundgelegten Anfänge auch dort die notwendigen Veränderungen von eher statischen Konzepten erleichtern, weil dann auch für Grundschullehrer/-innen eine größere Reichweite für ihre Bemühungen erkennbar wäre.

In der letzten Zeit entwickelt sich eine zunehmende »neue Beweglichkeit« im Unterricht weiterführender Schulen. Ganz offensichtlich liegen Veränderungen in solchen Schulformen der Sekundarstufe besonders nahe, die entweder »reformoffen« sind (beispielsweise Gesamtschulen) oder durch starken

Problemdruck gezwungen werden, ihr Konzept zu überdenken und umzugestalten. Für weiterführende Schulen liegt die Chance jedoch nicht in einer einfachen Fortführung des WPU bzw. der Freien Arbeit aus der Grundschule, sondern in der Entwicklung situations- und stufenspezifischer Formen. »Kontinuität« ist deshalb zusammen mit dem Gegenbegriff »Diskontinuität« zu begreifen (Claussen 1995a, S. 232ff.; vgl. auch Baillet 1983; Vaupel 1995).

Kontinuierlich wäre die systematische und stetige Förderung der Selbständigkeitsgenese, diskontinuierlich die qualitative Veränderung des WPU zu vielfältigen, stufenspezifisch anspruchsvollen Formen, z.b. mit größerem Umfang, längerer Laufzeit und umfassenderen individuellen Arbeitskontrakten.

Die »neue Beweglichkeit« in der Sekundarstufe bildet sich bereits jetzt in Erlassen und Stundentafeln ab (Sehrbrock 1993).

4.2.4 Schwerpunkt: WPU als offene Unterrichtsform?

Die in der einleitenden Problemskizze schon angedeutete und belegte Charakterisierung des WPU als offene Unterrichtsform wird als letzter Schwerpunkt für die systematische Diskussion aufgegriffen.

Dies erscheint nach den bisher abgehandelten Schwerpunkten zur Diskussion der gegenwärtigen Praxis notwendig, da nach Kennzeichnung des WPU als Unterrichtsform mit überwiegend verbindlichem Charakter, die definitorisch von Freier Arbeit abgegrenzt werden kann und als grundsätzlich ambivalentes Konzept *auch* in einem eher reformorientierten Kontext stehen kann, die Frage nicht beantwortet ist, ob WPU eine offene bzw. eine offenere Unterrichtsform ist bzw. ein Konzept, mit dem sich mehr Chancen für »Öffnungen« verbinden.

Der Einwand von Kasper, daß für offenen Unterricht weder ein »einheitliches Konzeptverständnis« vorliegt noch »Einigkeit« darüber herrscht,»welche Unterrichtsformen mit diesem Begriff erfaßt werden sollen« (1988, S. 62ff.) läßt die Einordnung von WPU unter die offeneren Unterrichtsformen schwierig erscheinen, da er selbst als ambivalentes Konzept angesehen werden muß, das von ganz unterschiedlichen, d.h. auch gegensätzlichen Zielsetzungen beeinflußt und geprägt werden kann.

Deshalb erscheint es notwendig, angesichts des unscharfen Begriffs »offener Unterricht«, der nicht selten mißverständlich gebraucht wird, einen Klärungsversuch zu unternehmen.

Die beiden Begriffe aus unterschiedlichen Epochen, die die gegenwärtige Diskussionsphase stark prägen, nämlich »freie Lernformen« aus der Reformpädagogik (mit der allgemeinen Zielperspektive »vom Kinde aus«) und »offener Unterricht« als relativ neues Konzept (mit der allgemeinen Zielperspektive »zum Kinde hin«), korrespondieren in gewisser Weise.

Beide Begriffe profilierten sich als Gegenbewegung: »freies Lernen« gegen die »alte Schule«; »offener Unterricht« gegen überwiegend lernzielbestimmte und lehrerzentrierte Unterrichtsformen.

Deshalb ist der oben diskutierte und weithin übliche Rückgriff auf reformpädagogische Ansätze der 20er Jahre verständlich. Andererseits scheint das neue Konzept des »offenen Unterrichts« eher die Chance für eine epochaltypische Antwort auf epochaltypische Fragen im Bereich der Schule zu bieten.

Tradierten Unterricht öffnen bedeutet heute, den Sinn für pädagogisches Handeln in den Veränderungen und Entwicklungen der Kinder bei ihren in dieser Zeit und in dieser Welt stattfindenden Suchbewegungen nach Sinn und Zukunft zu finden.

Dies muß dann folgerichtig auch bei Lehrerinnen und Lehrern eine für diese Veränderungen und Entwicklungen offene Grundeinstellung zur Voraussetzung haben, die beim alltäglichen Umgang mit Kindern in der Schule dazu verhilft, sie selbst und die unterschiedlichen Kinderwelten wahrzunehmen

und zu verstehen, die Lebenswelten und die lernenden Auseinandersetzungen mit ihnen »auch mit den Augen der Kinder«
sehen zu können, um ihnen beim Lernen aktive Unterstützung
geben zu können.

Von daher liegen individuelle Selbständigkeit und Autonomie, Entscheidungsfähigkeit, selbstverantwortete Lernprozesse und Selbstverpflichtung zum Lernen, das systematische
Verfolgen je eigener Interessen und Neigungen, Entwicklung
von Fantasie und Kreativität, das Erlernen von Lern- und
Arbeitsmethoden, aber auch von sozialer Beziehungsfähigkeit und Sensibilität, Einfühlungsvermögen in die Gedanken
und Gefühle anderer weit vorne im allgemeinen Zielspektrum.

Um den Unterricht unter diesem Anspruch zu öffnen, bedarf es seiner genauen Analyse und Überprüfung sämtlicher
Variablen von Unterricht, d.h. seiner tradierten Ziele, Inhalte,
Methoden, der Medien und der Interaktionsformen. Öff-
nungsmöglichkeiten können auf diese Weise aufgefunden werden und bei der innovativen Veränderung von Unterricht be-
dacht werden.

Z.B. können inhaltlich, methodisch und institutionell offenere Konzepte (vgl. dazu Ramseger) aufgefunden werden,
deren Variantenreichtum je nach den invidiuellen Erfahrungen und Lernvoraussetzungen, Motivationen und Interessen
entfaltet und genutzt werden kann.

Zunehmende Mitgestaltung und Mitentscheidung der Kinder wären eine weitere veränderbare Variable.

Offene Lernsituationen legen Lernwege nicht a priori fest
und sind nicht auf vorab bereits festliegende Ergebnisse hin
orientiert, die es nur auf dem direkten Lernwege zu erreichen
gilt. Sie sind aber auch auf vermehrte soziale Kontakte (auch
und insbesondere informelles Lernen) aus, um nicht allein
Sachen zu klären, sondern bei den Kindern auch förderliche
Einstellungen zu sich und anderen zu finden und durch vermehrte Kommunikation offener zu werden für fremde Erleb-
niswelten wie auch für die eigene.

Deshalb können hier einige Linien, die bisher zum WPU *als ein sich analog zur Veränderung und Entwicklung der Kinder veränderndes und entwickelndes Konzept* gezogen worden sind, in den Blick gerückt werden. Dazu gehören

– die intendierte Zunahme der Mitgestaltung des Unterrichts durch die Kinder in dem Maße ihrer Selbständigkeitsentwicklung;
– die Veränderung des Wochenplans hin zu freieren und offeneren Planformen (»Didaktik der Lerngelegenheiten« nach Huschke);
– Entwicklung von einer eher verbindlichen, verpflichtenden Form zu Formen der Selbstverpflichtung und Übernahme von größerer Verantwortung für den je eigenen Lernprozeß;
– der Ausbau des Wahlpflichtbereiches durch eine größere Anzahl von wählbaren und auch abwählbaren Lernalternativen
– sowie die Entwicklung von Kommunikationsstrukturen, die eine Mit- und Ausgestaltung des Wochenplanes in den offeneren Rahmen von gemeinsamer Planung – invidueller und gemeinsamer Ausführung – gemeinsamer Reflexion – erneuter gemeinsamer Planung rückt.

Da es sich bei diesen Aussagen um Zielsetzungen für eine mögliche Weiterentwicklung des Wochenplankonzepts handelt, ist an dieser Stelle darauf hinzuweisen, daß beim gegenwärtig weithin üblichen WPU (bei durchaus vorhandenen Ausnahmen) nicht unbedingt die Merkmale reformorientiert und offen festgestellt werden können, obwohl eine Entwicklung in die mit angedeutete Richtung von vielen gewünscht wird.

Wenn etwa die Kategorien Ramsegers bezüglich »inhaltlicher, methodischer und institutioneller Offenheit« oder die »fünf Dimensionen der Offenheit« nach Wagner (1987, S. 16) herangezogen werden, dann erweist sich etwa der von

Huschke seinerzeit so charakterisierte und gegenwärtig gebräuchliche »Standard-WP« nur in sehr begrenztem Maße als »offen«. In den meisten Fällen wäre allenfalls eine gewisse Offenheit hinsichtlich der Organisationsform (Zeitgliederung, Arbeits- und Sozialform) festzustellen. Aufgrund der zahlreichen Muster und Belege in Form von dokumentierten Wochenplänen in der herangezogenen Literatur (die hier nicht im einzelnen ausgewiesen werden; siehe dazu Literaturverzeichnis) kann z.B. mit Blick auf die verwendeten Aufgabentypen kaum inhaltliche, methodische noch institutionelle Offenheit aufgefunden werden. Von Offenheit im kognitiven und im sozioemotionalen Bereich ist unter dem Vorzeichen einer »Didaktik der Lernbefehle« wenig festzustellen.

Die zumeist eindeutigen Aufgabenstellungen und Arbeitsanweisungen – vorgeschrieben, vorgeplant und vorstrukturiert – um einen in anderem unterrichtlichen Zusammenhang erlernten Lernschritt zu üben, die ohne Mitwirkung der Kinder in den Wochenplan gekommen sind, könnten eher mit dem Merkmal »geschlossen« charakterisiert werden. Auch die häufige Bindung an die eingeführten Schulbücher und an vorgefertigte, eindeutig strukturierte Arbeitsmittel und -materialien spricht dafür.

Eine genauere Betrachtung der Aufgabentypen in den Wochenplänen lohnt sich andererseits unter zwei Aspekten.

Zum einen zeigt sich – bezogen auf den sogenannten »Standard-WP«, wie ihn Huschke beschreibt und aufgrund seiner Evaluationsergebnisse kritisiert –, wie sich das ursprüngliche Konzept bis hin in Details nachvollziehen läßt.

Zum anderen zeigt sich aber auch genau auf dieser Ebene (auch ohne den dazugehörigen unterrichtlichen Kontext) die zwischenzeitlich erfolgte Weiterentwicklung und Dynamisierung des ursprünglich statischen, starren Konzepts.

Für den ersten Aspekt wird vor allem auf das von Huschke dokumentierte Belegmaterial zurückgegriffen (1982).

Für den zweiten Aspekt werden spätere Veröffentlichungen von Huschke/Mangelsdorf (1988) und Bambach u.a.

(1989) sowie von Garlichs u.a. (1990) und Mangelsdorf/Claussen (1989) herangezogen.

Für den ursprünglichen »Standard-WP«, den »einfachen Wochenplan«, bestanden Vereinbarungen, alle darin befindlichen Aufgaben und Anweisungen präzise, klar, einfach und verständlich zu formulieren und dabei alle jene Angaben zu benennen, die Kinder zum Auffinden des Arbeitsmaterials brauchen, in der Regel Verweise auf Lehrbücher, Arbeitsmittel oder Arbeitsblätter: z.B. »Sprachbuch, S. 80, Nr. 11 a) und b)« in der Sparte »Schreiben« oder »Rechenbuch S. 73 Nr. 2, 3 und 4« in der Sparte »Mathematik«. Der Wochenplan war eine Zusammenstellung von überwiegend nachbereitenden Aufgabenstellungen zum Üben, Wiederholen und Anwenden. Eine gewisse Herausforderung von graduell selbständigerem Lernen zeigte sich in den Aufgaben, die sich auf das Anwenden und Übertragen zuvor erarbeiteter Lernschritte auf neue Zusammenhänge bezog. Noch etwas weiter in die gleiche Richtung ging die Forderung nach selbständiger Lösung und Bearbeitung von Problemen. Die beiden anspruchsvolleren Formen waren allerdings im Verhältnis zur erstgenannten seltener.

Da die Aufgaben – so die Evaluationsergebnisse – von den Lehrerinnen in die Wochenpläne aufgenommen worden waren (eindeutige und ausschließliche Lehrerinnenentscheidungen), rückten sie gewissermaßen jeweils erst mit dem neuen Wochenplan ins Blickfeld der Kinder, und zwar mit der eindeutigen Forderung verbunden, sie zu bearbeiten.

Die wichtige Erfahrung des Wachsens der eigenen Fähigkeiten im Lernprozeß konnten die Kinder bei dieser unterrichtlichen Strategie nicht gewinnen.

Erste deutliche Entwicklungen in Richtung auf offenere Aufgabenstellungen (durchaus aber im verbindlichen Bereich und nicht im Bereich der sogenannten »freien Tätigkeiten«, die hier aus den obengenannten Gründen nicht eingezogen werden) ergaben sich für den WPU durch die Verbindung mit Fächern und Lernbereichen, die sich selbst in einer spezifischen Entwicklung befanden.

Markante Beispiele dafür sind der Sachunterricht (Huschke/Mangelsdorf 1988) und Deutsch in der Grundschule. Anhand dieser Beispiele, die kurz skizziert werden sollen, läßt sich aufzeigen, daß sich spezifische Entwicklungen in den Fächern und Lernbereichen in den WPU hinein fortsetzen können oder, mit anderen Worten: Der Wochenplan kann sich in dem Maße, in dem sich die Fächer und Lernbereiche, die er einbezieht, hinsichtlich ihrer Zielsetzungen und sonstigen unterrichtlichen Variablen ändern (z.B. öffnen), ebenfalls verändern.

So tauchen im Zusammenhang mit dem Sachunterricht, der sich mehr und mehr projektorientierten Konzepten annähert und die Lebenswirklichkeit außerhalb der Schule einbezieht, Aufgaben mit offenen Fragestellungen, Aufgaben mit vorbereitender Funktion für später folgenden Unterricht, d.h. etwa zum selbständigen Sammeln von Informationen zu einem Thema, und Beobachtungsaufgaben auf, die zu einfachen Dokumentationsformen führen. Offen formulierte Aufträge, das Aufgreifen von Kinderwünschen sowie das individuelle wie gemeinsame Weiterführen eines großes Interesse bei den Kindern auslösendes Themas zeigen die Veränderungen im Wochenplan deutlich an.

Im Fache Deutsch werden didaktische Weiter- und Neuentwicklungen ebenfalls im Wochenplan sichtbar. Im Zusammenhang mit Freien Texten, Freiem Schreiben und der Schuldruckerei (Freinet), mit einem klasseneigenen Grundwortschatz, Partnerdiktat und variationsreichem Übungsmaterial sowie mit individuellen Zugängen der Kinder zu Lyrik und Prosa verändern sich die Aufgabenfelder und die Aufgabenstellungen im Wochenplan (vgl. dazu Bambach u.a. 1989; Garlichs 1990; Mangelsdorf/Claussen 1989).

Anstelle überwiegend präzise ausformulierter Aufgaben und Anweisungen (die gleichwohl nicht aufgegeben werden, wenn sie eine angemessene Funktion erfüllen) werden mehr und mehr offene Formulierungen und »Leerstellen« verwendet, d.h. markierte Felder für die Kinder, in denen sie selbst

Entscheidungen treffen und (dann für sie verbindlich) ausführen können.

Zugleich verändern sich auch die Materialien: Die von außen zugekauften Arbeitsmaterialien nehmen ab; lernprozeßbegleitende, z.B. »mitwachsende« Karteien für Rechtschreibung, für Texte, Gedichte u.a., die im Unterrichtskontext entstehen, nehmen zu.

Der Aufbau einer spezifischen Kommunikationsstruktur (z.B. ein »Schwarzes Brett« zum Sammeln von Kinderideen zum Wochenplan) und der »Wochenschlußkreis« als Rückschau haltende und vorausplanende Gesprächsrunde beteiligt die Kinder zunehmend an der Aufgabenfindung, nimmt ihre Vorschläge auf und gibt dem Wochenplan mehr »Schülerprofil«.

Damit ist die aufgrund der Quellenlage erkennbare Entwicklung vom sogenannten »Standard-WP« mit seinen ersten und relativ wenigen Schritten vom Frontalunterricht weg und hin zu einem sich mehr und mehr öffnenden, gleichwohl aber verbindlichen Wochenplankonzept nachgezeichnet, die sich sicherlich noch verstärken könnte.

5. Zusammenfassung und Perspektiven für die Weiterentwicklung

Das Konzept des WPU kann binnendifferenzierenden Unterricht in der Grundschule organisatorisch wirksam absichern und unterstützten bzw. günstige Grundvoraussetzungen für einen Unterricht mit mehr oder weniger ausgeprägtem »Schülerprofil« schaffen.

Grundlegende Bildung und Erziehung als spezifische und unverwechselbare Aufgabe der Grundschule kann nur in einem binnendifferenzierenden Unterricht eingelöst werden.

Beim Rückblick auf die Epoche der Reformpädagogik in den 20er Jahren zeigt sich, daß die Frage nach einer grundlegenden Bildung und Erziehung für alle Kinder in jeder Epoche neu gestellt und neu beantwortet werden muß.

In einem binnendifferenzierenden Unterricht sollte jedes Kind genügend Raum, Zeit und Gelegenheit erhalten, um sich mit seinen Stärken und Schwächen, seinen Neigungen und Interessen zeigen zu können, so daß es darauf hin angemessen gefördert werden kann.

In diesem Zusammenhang ist festzustellen, daß die Lösung des Problems der »Passung« in einem binnendifferenzierten Unterricht vom Lehrer und von der Lehrerin weg und zu den Kindern hin zu verlagern ist, damit sich die Kinder mehr und mehr als Subjekte ihrer je eigenen Lernprozesse erfahren können. Dazu kann nur die wesentlich weiterentwickelte Form des Wochenplans beitragen, nicht aber der einheitliche Wochenplan für alle.

Er ist trotz geringfügiger »Öffnung« und vollzogener Abkehr vom Frontalunterricht im wesentlichen lehrerzentriert.

Wenn hingegen die Kinder von Anfang an in die Mitgestaltung von Unterricht einbezogen werden, wenn mit ihnen gemeinsam Unterricht konstituiert wird, dann kann dies eher gelingen. Deshalb empfiehlt sich der Beginn mit WPU im ersten Schuljahr; entsprechende Erfahrungen liegen vor. Zwar kann auch in jedem anderen Schuljahr mit WPU begonnen werden, doch verspricht der möglichst frühe Beginn bessere Ergebnisse.

Diese zusammenfassende Aussage hängt damit zusammen, daß zugleich mit dem möglichst frühen Beginn des WPU auch die notwendige längerfristige Entwicklungsperspektive mitgedacht und im Unterricht berücksichtigt werden muß, die in der zunehmenden Selbständigkeit der Kinder zu sehen ist. Unterricht, der die zunehmende Selbständigkeit der Kinder unterstützt wie auch herausfordert, ist an der entsprechenden übergreifenden Zielkategorie orientiert.

Mit der zunehmenden Selbständigkeit muß sich auch der Wochenplan verändern; er muß ihr jeweils entsprechen.

Dabei geht es nicht um jene zu eng gesehene Selbständigkeit, die die Kinder einen vom Lehrer vorgegebenen Wochenplan erfolgreich und ohne seine dominante Hilfe bearbeiten läßt, sondern um jene Selbständigkeit als erwünschtes Persönlichkeitsmerkmal, das nur in einem längerfristigen Lernprozeß erreicht werden kann, und zwar auch aufgrund eines flexibel organisierten, diesen Prozeß stützenden und fördernden WPU.

Das kann bedeuten, daß in einer Lerngruppe Kinder mit unterschiedlich weit entwickelter Selbständigkeit feststellbar sind, deren weiterer Lernprozeß auch durch unterschiedlich gestaltete Wochenpläne gefördert werden müßte.

Die vorgefundene uneinheitliche Quellenlage zum WPU wird als Abbild unterschiedlicher Entwicklungszustände von WPU in der Schulpraxis gedeutet. WPU stellt sich nicht nur für Kinder in der Grundschule als Chance für ihre Lern- und Selbständigkeitsentwicklung dar, sondern auch für Lehrerinnen und Lehrer als reale Chance zum »Ausstieg« aus Gewohntem und zum selbst kontrollierbaren »Einstieg« in für sie jeweils subjektiv Neues. Selbst mit dem »einfachen« Wochenplan können sie erste Schritte in Richtung auf einen binnendifferenzierenden Unterricht gehen und diese dann behutsam zu einem sich weiterentwickelnden Wochenplan fortsetzen.

Das Ausmaß der uneinheitlichen Entwicklungszustände von WPU in der Schulpraxis scheint derzeit eher in den vielfältigen und situativ notwendigen Kompromissen der innovationsbereiten Lehrerinnen und Lehrer mit ihren jeweiligen schulischen und unterrichtlichen Bedingungen und Verhältnissen als in den faktisch vorhandenen und bekannten Entwicklungsmöglichkeiten für das WPU-Konzept zu liegen.

Als günstigste unterrichtliche Strategie stellt sich der Weg von einem zunächst eher statischen, dann alsbald dynamisierten und in Richtung auf offenere und »freiere« Lern- und Unterrichtsformen entwickelten Wochenplan dar, bei dem alle Schritte zielkonvergent sind.

Die ebenfalls aufgefundene unterrichtliche Strategie von der Freien Arbeit zum Wochenplan erscheint weniger günstig, da darin zieldivergente Momente auftreten, die die Kinder verunsichern können.

In diesem Zusammenhang hat sich die Verbindung von verbindlichen mit frei wählbaren Aufgaben in einem Wochenplan als problematisch herausgestellt, und zwar insbesondere mit Blick auf jene Kinder, die dann aufgrund ihres spezifischen Lern- und Arbeitsverhaltens Freie Arbeit kaum oder nicht erreichen, weil diese zeitlich entsprechend der üblichen Praxis stets nach den verbindlichen Aufgaben liegt.

Deshalb wird die Auflösung dieses Junktims vorgeschlagen und WPU als Unterrichtsform mit prinzipiell verbindlichem Charakter definiert (Pflicht und Wahlpflicht) und damit begrifflich von Freier Arbeit abgegrenzt, die als individuell und frei wählbare Alternative zum verbindlichen Unterricht prinzipiell für alle Kinder erreichbar und praktizierbar sein muß, und zwar unabhängig von ihrer »Lernleistung« in einer dafür garantierten Zeitspanne.

Auch bezüglich des prinzipiell verbindlichen Wochenplans gilt die Forderung nach Verknüpfung mit der Zielkategorie Selbständigkeit unverkürzt (Stichwort: zunehmende Selbstverpflichtung im Sinne von Kontrakten).

Besonders hervorzuheben ist, daß Arbeit mit dem schriftlichen Wochenplan grundsätzlich ein ambivalentes unterrichtsorganisatorisches Konzept ist, das mit unterscheidlichen pädagogisch-didaktischen Zielsetzungen und Konzepten verbunden wie auch mit ganz unterschiedlichen, auch zu expliziten Reformbestrebungen gegensätzlichen Auffassungen von und Einstellungen zu Unterricht und Erziehung »besetzt« werden kann.

Nur dann, wenn das unterrichtsorganisatorische Konzept des WPU mit anderen reformorientierten Konzepten quasi »gebündelt« und dann auch von ihnen geprägt wird, ist seine Einordnung als Konzept mit reformorientiertem Profil zulässig.

Für eine systematische Weiterentwicklung des WPU wird nachfolgend eine Anzahl von ganz unterschiedlichen Vorschlägen zusammengefaßt.

- Es ist grundsätzlich entscheidend, welche *anderen reformorientierten Konzepte* mit den organisatorisch günstigen Voraussetzungen verbunden werden, die WPU begründen hilft.
- Insbesondere bedarf das Verhältnis zwischen verpflichtenden Aufgaben für alle Kinder einer Lerngruppe und den ebenfalls *verbindlichen individuellen Aufgaben*, die jedem Kinde zugemessen oder von ihm selbst entschieden werden, besonderer Beachtung. Der je individuelle Teil des Wochenplanes soll den je individuellen Fähigkeiten, Interessen, der bereits entwickelten Selbständigkeit, aber auch den vorhandenen individuellen Lernschwierigkeiten entsprechen.
- Mit Blick auf *offenen Unterricht* liegt ein wesentlicher Entwicklungsaspekt in der systematischen Erkundung und

Nutzung aller Möglichkeiten zu »Öffnungen«, insbesondere bezüglich der Aufgabentypen und der Entscheidungsfelder für je eigene Entscheidungen der Kinder, wie auch in der Verbindung mit selbstgewählten, dann aber als verbindlich angesehenen Teilaufgaben aus Projekten und aus projektorientiertem Unterricht. Markierte und verabredete Entscheidungsfelder für je eigene Entscheidungen sind insbesondere hinsichtlich der zunehmenden Verantwortung für den je eigenen Lernprozeß besonders interessant.

- Die *Mitgestaltung* von Wochenplänen durch die Kinder im verabredeten Rahmen eines strukturierten Kommunikationszusammenhanges sollte insbesondere (und zwar in Anlehnung an Freinet) die »doppelschrittige Arbeitsplanung« in Verbindung mit der Rückschau haltenden, Ergebnisse reflektierenden und vorausplanenden Klassenversammlung aufgreifen, die in Verbindung mit den lehrplanbezogenen Aufgaben individuelle Arbeitspläne vorbereitet. Diese unterrichtliche Strategie macht Arbeits- und Planungszusammenhänge für die Kinder durchschaubar und beeinflußbar.

- *Kommunikation und Interaktion* zwischen Kindern, und zwar aufgabenbezogene wie auch informelle, sollte im Zusammenhang mit WPU besonders sorgfältig beachtet werden. Sie sollte nicht als störendes, sondern als notwendiges Element handelnden Lernens verstanden werden und besonders auch in Verbindung mit einer stärkeren Öffnung des Unterrichts zu Formen nachdenklichen, »bedächtigen«, innengeleiteten und konzentrierten Beredens von Sachzusammenhängen und Problemen entwickelt werden.

- *Kooperatives Lernen und Arbeiten* sollte nicht nur als allgemeine Forderung von außen an die Kinder herangetragen, dem Unterricht gewissermaßen »aufgesetzt« werden; es bedarf der systematischen Entwicklung von solchen Lern- und Handlungssituationen, in denen sich Kooperation als notwendig erweist.

In Verbindung mit dem Wochenplan erscheinen neue Überlegungen notwendig, die die Konzepte für soziales Lernen in solchen Situationen betreffen, die eigens zur Vermehrung sozialer Kontakte organisiert worden sind. Es scheint, als würden die Chancen zu Entwicklung von Beziehungsfähigkeit, von Einfühlungsvermögen in Gedankengänge und Empfindungen anderer, von behutsamen Umgangsformen und zur Deeskalation von Konflikten wegen des Vorranges von sogenannten »Lernleistungen« im Erfahrungsraum Schule noch nicht professionell genug genutzt.

Bezüglich der Kommunikation und Interaktion zwischen Kindern und Erwachsenen im Unterricht sollten ebenfalls neue konzeptionelle Überlegungen angestellt werden.

● Aufgrund der vorliegenden Erfahrungen, etwa aus der herangezogenen Evaluationsstudie, zeigen die verbalen Äußerungen und damit verbundene Reaktionen von Erwachsenen, daß diese häufig zu schnell und zu hastig, hingegen kaum in gelassener Weise auf *Lernschwierigkeiten* von Kindern beim Bewältigen von WP-Aufgaben reagieren. Zu diesen Überlegungen könnten beispielsweise *diagnostischer* und *interpretativer* Umgang mit Lernschwierigkeiten, die Anwendung dosierter, nach dem Prinzip minimaler Hilfe gegebene Zuwendung gehören. Die Möglichkeiten zu differenzierender und individueller Zuwendung, die der WPU eröffnet, könnten dann viel besser genutzt werden.

Parallel zur praktischen Ausgestaltung offeneren Lernens müßten Konzepte zur professionellen Unterstützung dieses Lernens von seiten der Erwachsenen entwickelt werden.

● In Verbindung mit – sich analog zur Entwicklung der Selbständigkeit ebenfalls verändernden – Wochenplänen sollten die erwähnten lernprozeßbegleitenden *Arbeitsmaterialien* (z.B. wachsende Karteien) systematisch weiterentwickelt und zu professionellen Verfahren ausgebaut werden, die dokumentiert und auf diese Weise übertragen werden können.

- Drei erheblich weiter reichende Perspektiven für eine Weiterentwicklung des WPU-Konzepts bestünden in Veränderungen von Rahmenbedingungen für den Grundschulunterricht.

(1) Als erstes wären Lehrpläne mit *offenen Rahmenvorgaben* notwendig, die situationsspezifische Ausformungen möglich machen und insgesamt »Druck« von der Grundschule wegnehmen könnten.

(2) Zum zweiten wäre eine *Öffnung der weiterführenden Schulen* für in der Grundschule begonnene, längerfristig auf die Selbständigkeitsentwicklung der Kinder zielende Konzepte notwendig. Sie würde eine Weiterentwicklung des WPU in der Grundschule begünstigen weil dann die Grundschullehrer/-innen eine Fortsetzung ihrer begonnen Arbeit erkennen könnten und ihre Aufmerksamkeit nicht allein auf die am Ende der Grundschule einsetzende Verteilung der Kinder auf unterschiedliche Bildungsgänge konzentrieren müßten.

(3) Damit verbunden wäre letzlich die Forderung nach einer *längeren Offenheit der Bildungsgänge,* um eben diese Verteilung nach dem 4. Schuljahr, die erheblich auf die Entwicklung und Durchsetzung von reformorientierten Konzepten in der Grundschule, und zwar in stark behindernder Weise, »rückwirkt«, zeitlich hinauszuzögern.

6. Literaturverzeichnis

Bambach, H. u.a.: Grundschule – Kinder lernen selbständig. Hrsg. vom Landesinstitut für Schule und Weiterbildung. Soest 1989

Baillet, D.: Freinet praktisch. Weinheim/Basel 1983

Beck, G./Claussen, Cl.: Grundschule als Durchlauferhitzer – nein, danke! In: Portmann, R. u.a. (Hrsg.): Übergang nach der Grundschule. Frankfurt a.M. 1989

Beck, J.: Jahrbuch für Lehrer 1977. Reinbeck 1977

Benner, D./Ramseger, J.: Wenn eine Schule sich öffnet. München 1981

Benner, D.: Baustein: Erziehender Unterricht. In: Wittenbruch1989

Bönsch, M.: Zur Didaktik des freien Arbeitens. In: Grundschule 1/1978

Bräuer, G./Schneider, G./Schulz, W. K.: Musisch-Ästhetische Erziehung in der Grundschule. Tübingen 1989

Burk, K.H./Haarmann, D. (Hrsg.): Wieviele Ecken hat unsere Schule? Bd. I. Frankfurt a.M. 1979

Calliess, E.: Sozialpädagogische Aspekte der Schulraumgestaltung. In: Burk/Haarmann1979

Cischeck, H.: Wochenplan und Freie Arbeit im 1. und 2. Schuljahr. Druckschrift Nr. 2295/1189 des Hessischen Instituts für Lehrerfortbildung. Fuldatal 1989

Claussen, Cl.: Freie Arbeit in der Grundschule. In: Druckschrift Nr. 1139/0680: Freie Arbeit in der Grundschule. Fuldatal 1978

Claussen, Cl.: Wochenplanarbeit in der Grundschule. In: Haarmann 1991.

Claussen, Cl. u.a.: Wochenplan- und Freiarbeit. Braunschweig 1993

Claussen, Cl.: Freie Arbeit vor und nach dem Übergang in die Sekundarstufe? In: Claussen 1995a

Claussen, Cl. (Hrsg.): Handbuch Freie Arbeit. Weinheim/Basel 1995b

Correll, W.: Programmiertes Lernen und schöpferisches Denken. München/Basel 1965

Dietrich, I. (Hrsg.): Politische Ziele der Freinet-Pädagogik. Weinheim 1982

Dietrich, Th.: Die Pädagogik Peter Petersens – eine Herausforderung an die Gegenwart. München/Frankfurt a.M. 1973

Flitner, W.: Das Selbstverständnis der Erziehungswissenschaften in der Gegenwart. Stuttgart 1957

Fölling-Albers, M. (Hrsg.): Veränderte Kindheit – Veränderte Grundschule. Frankfurt a.M. 1989

Freinet, C.: Die moderne französische Schule. Paderborn 1979 (2. Auflage)

Gabele, P.: Arbeitsmittel und Lernprogramm. Stuttgart 1968

Gansberg, F.: Produktive Arbeit. Beiträge zur neuen Methodik. Leipzig 1923 (2. Auflage)

Garlichs, A. u.a.: Alltag im offenen Unterricht – Das Beispiel Lohfelden-Vollmarshausen. Frankfurt a.M. 1990

Gaudig, H.: Die Schule im Dienste der werdenden Persönlichkeit. Bd. 1. Leipzig 1922

Gaudig, H.: Die Schule im Dienste der Persönlichkeit. Leipzig 1930 (3. Auflage)

Gaudig, H.: Die Schule der Selbsttätigkeit. Bad Heilbrunn 1963

Geisel, C.: Durch Selbsttätigkeit zur Selbständigkeit. Langensalza 1930 (3. Auflage)

Geißler, G. (Hrsg.): Das Problem der Unterrichtsmethode in der pädagogischen Bewegung. Weinheim 1970 (8. Auflage)

Glöckel, H.: Grundlegende Bildung – ein »offener« Begriff im pädagogischen Spannungsfeld. In: Haarmann 1994

Grell, J.: Techniken des Lehrerverhaltens. Weinheim 1972

Groothoff, H.-H.: Funktion und Rolle des Erziehers. München 1972

Günther, H.: Freie Arbeit in der Grundschule. Hrsg. vom Elternverein NW e.V. und vom Hessischen Elternverein e.V. 1988

Gutachten und Studien der Bildungskommission: Eingangsstufe des Primarbereichs. Bd. 47, 48/1, 48/2, 49. Stuttgart 1975

Haarmann, D.: Chaos im Klassenzimmer? In: Grundschule 7/1987

Haarmann, D. (Hrsg.): Handbuch Grundschule. Bd 1 und 2. Weinheim/Basel 1991 und 1993

Hagstedt, H.: Schüler können machen, was ihre Lehrer wollen – Wochenplanerei: Zur späteren Karriere eines betagten didaktischen Themas. In: paed. extra 10/1987

Hausmann, E.: Didaktik als Dramaturgie des Unterrichts. Heidelberg 1959

Heckhausen, H.: Förderung der Lernmotivierung und der intellektuellen Tüchtigkeiten. In: Roth, H. (Hrsg.): Begabung und Lernen. Deutscher Bildungsrat. Gutachten und Studien der Bildungskommission, Bd. 4. Stuttgart 1971

Hentig H. v.: Schule als Erfahrungsraum. Stuttgart 1973

Herbert, M.: Morgenkreis, Tagesplan, Wochenplan, Vorhaben, Projekt – Unterrichtsformen für den offenen Unterricht. In: Die Grundschulzeitschrift 1/1987

Herz, O.: Veränderung der Lebensbedingungen – Veränderung der Lernbedingungen. In: Landesinstitut für Schule und Weiterbildung (Hrsg.): Gestaltung des Schullebens und Öffnung der Schule. Soest 1989

Hessisches Institut für Lehrerfortbildung: Druckschrift Nr. 2285/0989: Schulreformerische Ansätze in Grundschulen der Niederlande. Fuldatal 1989

Hessisches Institut für Lehrerfortbildung: Druckschrift Nr. 1139/0680: Freie Arbeit in der Grundschule. Fuldatal 1978

Hopf, D.: Flexible Unterrichtsgestaltung: Möglichkeiten und Grenzen. In: Neue Sammlung 6/1975

Hopf, D./Krappmann, L./Scheerer, H.: Aktuelle Probleme der Grundschule. In: Max-Planck-Institut für Bildungsforschung, Projektgruppe Bildungsbericht (Hrsg.): Bildung in der Bundesrepublik. Daten und Analysen. Bd. 2. Stuttgart 1980

Hopf, A.: Außenflächen, Straßen und Verkehr in der Wohnumwelt der Kinder. In: Fölling-Albers 1989

Huschke, P.: Wochenplan-Unterricht. Konzept einer Unterrichtsorganisation, die Schülern selbständiges Lernen und Mitgestalten des Unterrichts ermöglichen soll. Marburg 1976

Huschke, P.: Wochenplan-Unterricht. Praktische Ansätze zur inneren Differenzierung, selbständigem Lernen und zur Mitgestaltung des Unterrichts durch die Schüler. Weinheim 1980

Huschke, P.: Wochenplan-Unterricht. Entwicklung, Adaptation, Evaluation. Kritik eines Unterrichtskonzepts und Perspektiven für seine Weiterentwicklung. In: Klafki, W. u.a. (Hrsg.): Schulnahe Curriculumentwicklung und Handlungsforschung – Forschungsbericht des Marburger Grundschulprojektes. Weinheim/Basel 1982

Huschke, P./Mangelsdorf, M.: Wochenplan-Unterricht. Weinheim/Basel 1988

Jahr, W.: Freie Arbeit in der Grundschule. In: Hessische Lehrerzeitung 7/1978

Jörg, H.: Celestin Freinet, die Bewegung »Moderne Schule« und das französische Schulwesen heute. In: Freinet 1979

Jörg, H.: So macht Schule Freude. Wolfsburg 1989 (2. Auflage)

Karsen, F. (Hrsg.): Die neuen Schulen in Deutschland. Langensalza 1924

Karstädt, U.: Methodische Strömungen der Gegenwart. Langensalza 1930 (18. Auflage)

Kasper, H. (Hrsg.): Differenzierungsmodelle für die Grundschule. Stuttgart 1974

Kasper, H. (Hrsg.): Differenzierung. In: Neuhaus-Siemon, E. (Hrsg.): Taschenlexikon Grundschule. Königstein 1979a

Kasper, H. (Hrsg.): Vom Klassenzimmer zur Lernumgebung. Ulm 1979b

Kasper, H.: Offener Unterricht in der Diskussion. In: Grundschule 5/1988

Kasper, H./Piechorowski, A. (Hrsg.): Offener Unterricht an Grundschulen. Ulm 1978

Kaßner, P.: Peter Petersen – die Negierung der Vernunft? In: Die Deutsche Schule 1/1989

Kayser, A./Schäkel, L.: Kinder und Lehrer lernen: Freie Arbeit. Frankfurt a.M. 1986

Keim, W.: Peter Petersens Rolle im Nationalsozialismus und die bundesdeutsche Erziehungswissenschaft. In: Die Deutsche Schule 1/1989

Kerschensteiner, G.: Begriff der Arbeitsschule. In: Texte zur Arbeitsschulbewegung. Hrsg. von Albert Reble. Bad Heilbrunn 1963

Klafki, W./Stöcker, H.: Innere Differenzierung des Unterrichts. In: Zeitschrift für Pädagogik 4/1976

Klaßen, T./Skiera, E./Wächter, B. (Hrsg.): Handbuch der reformpädagogischen und alternativen Schulen in Europa. Baltmannsweiler 1990

Kohls, E.: Öffnung der Grundschule – oder »Alter Wein in neuen Schläuchen«. In: Grundschule 12/1988

Koitka, Chr. (Hrsg.): Freinet-Pädagogik. Berlin 1977

Krappmann, L./Oswald, H.: Freunde, Gleichaltrigengruppen, Geflechte – Die soziale Welt der Kinder im Grundschulalter. In: Fölling-Albers 1989

Lamszus, W.: Der Weg der Hamburger Gemeinschaftsschule. In: Karsen 1924

Langeveld, M. J.: Schule als Weg des Kindes. Utrecht 1960

Lenninger, P.: Freiarbeit im Mathematikunterricht. In: antenne – Das Magazin für die Grundschule. Stuttgart 1990

Lichtenstein, E.: Bildung. In: Ritter, J.: Historisches Wörterbuch der Philosophie. Bd. 1. Darmstadt 1971

Lichtenstein-Rother, I.: Schulanfang. Frankfurt a.M. 1969 (7. Auflage)

Mangelsdorf, M.: Wochenplan-Unterricht – Innere Differenzierung. In: Der Deutschunterricht 4/1978

Mangelsdorf, M./Claussen, Cl.: Wochenplan-Unterricht. In: Praxis Grundschule 2/1989

Marxén, I.: Mein Weg zum Wochenplanunterricht. In: Grundschule 3/1987

Maurer, F.: Schulanfang und Anfangslernen. Zur verleugneten Subjektivität des kindlichen Lernens. In: Halbfas, H./Maurer, F./Popp, W. (Hrsg.): Spielen, Handeln und Lernen. Reihe Neuorientierung des Primarbereichs, Bd. 6. Stuttgart 1972

Meier, R./Mayer-Behrens, H.: Freie Arbeit – Wochenplan. In: Die Grundschulzeitschrift 17/1988

Meyer, H.: Unterrichtsmethoden. Bd. I: Theorieband; Bd. II: Praxisband. Frankfurt a.m. 1988

Mitter, W.: »Social Studies« in der amerikanischen Elementarschule. In: Die Grundschule 4/1969

Mollenhauer, Kl.: Theorien zum Erziehungsprozeß. München 1972

Montessori, M.: Selbsttätige Erziehung im frühen Kindesalter. Stuttgart 1928

Montessori, M.: Die Umgebung. In: Die neue Erziehung XII. Jahrgang 1930

Montessori, M.: Kinder sind anders. Stuttgart 1952 (5. Auflage) und München 1988 (9. Auflage)

Müller, H.: Unser Weg. Graz 1950

Müller, D.: Ist der Wochenplan ein zentraler Schritt zur Freinet-ischen Unterrichtsgestaltung? – In: Fragen und Versuche 5/1979

Nave, K. H.: Die allgemeine deutsche Grundschule. Ihre Entstehung aus der Novemberrevolution von 1918. Weinheim 1961

Oelkers, J.: Utopie und Wirklichkeit – Ein Essay über Pädagogik und Erziehungswissenschaft. In: Zeitschrift für Pädagogik 1/1990

Oswald, P.: Grundgedanken der Montessori-Pädagogik. Freiburg 1967

Pallasch, W./Reimers, H.: Pädagogische Werkstattarbeit. München 1990

Peisker, M.: Ein Kollegium stellt auf Freie Arbeit um. In: Bambach u.a. 1989

Petersen, P.: Der Jena-Plan einer freien allgemeinen Volksschule. Langensalza 1927

Petersen, P.: Schulleben und Unterricht einer freien allgemeinen Volksschule nach den Grundsätzen neuer Erziehung. Langensalza 1930

Petersen, P. (Hrsg.): Die Praxis der Schulen nach dem Jena-Plan. Weimar 1934

Petersen, P.: Führungslehre des Unterrichts. Langensalza/Berlin/Leipzig 1937

Petersen, P./Wolf, H.: Eine Grundschule nach den Grundsätzen der Arbeits- und Lebensgemeinschaftsschule. Weimar 1925

Peisker, M.: Ein Kollegium stellt auf Freie Arbeit um. In Bambach 1989

Pollert, M.: Ein Mensch macht einen Plan. In: Sennlaub 1983

Popp, W.: Lernen in der Schule. In: Zur Pädagogik des Heimat- und Sachunterrichts. Hrsg. vom Deutschen Institut für Fernstudien an der Universität Tübingen. Tübingen 1985

Preuss-Lausitz, U.: Wandel der Kindheit, der Sozialcharakter und die Aufgaben der Bildung, zitiert nach dem Reader Bildungstag der GEW Frankfurt 1990

Purmann, E.: Projektarbeit als Alltag in Jenaplan-Schulen/Beobachtungen in den Niederlanden. In: Grundschule 5/1985

Ramseger, J.: Offener Unterricht in der Erprobung. München 1985 (2. Auflage)

Reble, A.: Geschichte der Pädagogik. Stuttgart 1959

Röhrs, H.: Die Reformpädagogik – Ursprung und Verlauf in Europa. Hannover 1980

Röhrs, H. (Hrsg.): Die Schulen der Reformpädagogik. Düsseldorf 1986

Rolff, H. G./Zimmermann, P.: Veränderte Kindheit – veränderte pädagogische Herausforderungen. In: Fölling-Albers 1989

Rühl, K.: Mit 5 in die Schule. Stuttgart 1975

Ruhland, P.: Mit kleinen Schritten in die Wochenarbeit. In: Die Grundschulzeitschrift 1/1987

Russ, W.: Geschichte der Pädagogik. Bad Heilbrunn 1968

Scheel, B.: Offener Grundschulunterricht. Weinheim/Basel 1977

Scheffer, U.: Was ist »Freie Arbeit« – was ist sie nicht? In: Druckschrift Nr. 1139/0680: Freie Arbeit in der Grundschule. Fuldatal 1978

Scheffer, U.: Lernen mit Spaß – ohne Konkurrenz – innere Differenzierung vom 1. bis zum 6. Schuljahr. In: Schweitzer, J. (Hrsg.) Bildung für eine menschliche Zukunft. Weinheim/München 1986

Scheffer, U.: Leistungsrelevante Aspekte des Arbeitsverhaltens in der Grundschule. In: Die Deutsche Schule 4/1989

Scheibner, O.: Die didaktischen Prinzipien der Freitätigkeit und der Arbeit. In: Reble, A. (Hrsg.): Texte zur Arbeitsschulbewegung. Bad Heilbrunn 1963

Schulz, W.: Der Ansatz einer »Ästhetischen Elementarerziehung« als Grundlage des Projekts »Musisch-Ästhetische Erziehung in der Grundschule«. In: Bräuer/Schneider/Schulz 1989

Schulz, W.: Selbständigkeit – Selbstbestimmung – Selbstverantwortung. Lernziele und Lehrziele in Schulen der Demokratie. In: Pädagogik 6/1990

Schwarz, H.: Prinzipien und Formen einer offenen Grundschule – Empfehlungen für die Grundschule. In: Grundsatzpapier zum Hamburger Grundschultag am 30.5.1986; veröffentlicht in »Friedrich Forum«

Schwerdt, Th.: Kritische Didaktik. Paderborn 1952 (13. Auflage)

Sehrbrock, P.: Freiarbeit in der Sekundarstufe. Frankfurt a.M. 1993

Seidenfaden, F.: Über Sinn und Grenzen der Selbsttätigkeit. In: Westermanns Pädagogische Beiträge 12/1960

Sennlaub, G. (Hrsg.): Mit Feuereifer dabei. Heinsberg 1983

Skiera, E.: Reformpädagogik und Schule in Europa. In: Klaßen 1990

Skiera, E.: Die Jena-Plan-Bewegung in den Niederlanden. Weinheim/Basel 1982

171

Skiera, E.: Schule ohne Klassen – gemeinsames lernen und leben – Das Beispiel Jenaplan. Heinsberg 1985

Skischus, G.: Was ist eigentlich »Freie Arbeit«? In: Die Grundschule 8/1978

Steinhaus, M.: Helen Parkhursts Dalton-Plan und seine Bedeutung in England. Langensalza 1925

Strote, I.: Das Wochenplanbuch für die Grundschule, Heinsberg 1985

Terhart, E.: Selbständigkeit – Notizen zur Geschichte und Problematik einer pädagogischen Kategorie. In: Pädagogik 6/1990

Treiber, B./Weinert, F.-E.: Lehr- und Lern-Forschung. Ein Überblick in Einzeldarstellungen. München 1982

Vasquez, A./Oury, F. u.a.: Vorschläge für die Arbeit im Klassenzimmer. Reinbek 1976

Vaupel, D.: Das Wochenplanbuch für die Sekundarstufe. Weinheim/Basel 1995

Vester, F.: Denken, Lernen, Vergessen. Stuttgart 1975

Wagner, A. C.: Schülerzentrierter Unterricht. In: Rogers und die Pädagogik. Hrsg.: Gesellschaft für wissenschaftliche Gesprächspsychotherapie. München 1987

Wetenkamp, M.: Unterricht nach Wochenplan – Erfahrungen mit selbstgesteuertem Lernen (Begleitinformationen zur Unterrichtsdokumentation). Hrsg.: Landesbildstelle Bremen. Bremen 1986

Weyerhäuser, E.: Wochenplan und/im Mathematikunterricht. In: Hessische Lehrerzeitung 7–8/1986

Weyerhäuser, E.: Wochenplan im Mathematikunterricht. In: päd. extra/Demokratische Erziehung 4/1988

Weyerhäuser, E.: Erste Schritte in die Praxis – 5 Beispiele (»Mathematik ist nichts für Mädchen«) in einer Veröffentlichung des Landesverbandes Hessen der GEW und des Arbeitskreises Grundschule e.V.: »Auf dem Weg zum Offenen Unterricht«. Friedrichsdorf o.J.

Winkel, R.: Führen durch Nachgeben. In: Pädagogik 6/1990

Wittenbruch, W. (Hrsg.): Das pädagogische Profil der Grundschule. Heinsberg 1989 (2. Auflage)

Zeiher, H.: Über den Umgang mit der Zeit bei Kindern. In: Fölling-Albers 1989

Zimmer, J. (Hrsg.): Curriculum – Entwicklung im Vorschulbereich. München 1973

Zinnecker, J.: Der heimliche Lehrplan – Untersuchung zum Schulunterricht. Weinheim/Basel 1975

Zülch, M.: Lehrer und Schüler verändern die Schule. Frankfurt a.M. 1981

Freie Arbeit

Claus Claussen (Hrsg.)

Handbuch Freie Arbeit

Konzepte und Erfahrungen
282 Seiten. Gebunden. DM 48,–
ISBN 3-407-62191-4

Dieses Handbuch informiert über die aktuelle, facettenreiche schulpädagogische Diskussion zur Freien Arbeit in der Grundschule und über gegenwärtig praktizierte unterschiedliche Ausprägung des von enger Führung freieren und selbständigeren

Lernens. Ausgewiesene Fachleute aus Schulpraxis, Fortbildung und Hochschulen vermitteln in ihren Beiträgen ein breites Spektrum von praxisnahen Überlegungen, Vorschlägen und reflektierten Unterrichtserfahrungen. Das Hauptaugenmerk liegt auf der Primarstufe, in der Freie Arbeit als Erbe der Reformpädagogik wiederentdeckt wurde und zeitgemäß weiterentwickelt wird. Darüber hinaus werden Beispiele für Freie Arbeit in der Sekundarstufe I gegeben. Einerseits zeigt das Handbuch auf, daß die Diskussion um Freie Arbeit in der Grundschule bei weitem noch nicht abgeschlossen ist, andererseits, daß die Entwicklung von stufenspezifisch anspruchsvolleren Formen Freier Arbeit in den weiterführenden Schulen gerade richtig begonnen hat.

»Die Erfahrungsgrundlage dieses Handbuches ist breit ... Entsprechend methodisch geschickt ist das Buch aufgebaut, so daß sich das facettenreiche Thema differenziert und zugleich überschaubar erschließt.«
Grundschule 1/96

Preisänderungen vorbehalten

Beltz Verlag · Postfach 100154 · 69441 Weinheim

B0155

Wochenplanunterricht

Peter Huschke

Grundlagen des Wochenplanunterrichts

Von der Entdeckung der Langsamkeit.
179 Seiten. Broschiert. DM 39,80.
ISBN 3-407-25172-6

Wochenplanunterricht ist in der Grundschule und in der Lehrerausbildung zu einem selbstverständlichen Bestandteil geworden. Die Konzeption dafür entstand in einem Schulreformprojekt, an dem der Autor maßgeblich beteiligt war. In den »Grundlagen des Wochenplanunterrichts« wird die Selbststeuerung von Lernprozessen diskutiert, wird das Thema Beobachtung des Schülerverhaltens bearbeitet. Viele Beispiele zeigen, wie Grundschulkinder ihre Wochenplanarbeit organisieren - sie werden zu ihren Erfahrungen auch im Vergleich zu traditionellem Unterricht befragt. Ausführlich wird die Lehrerrolle interpretiert, werden Unterschiede im Handlungsstil diskutiert.

In weiteren Abschnitten wird der Wochenplan als Rahmen für eine »Didaktik der Lerngelegenheiten« vorgestellt, werden historische Vorläufer des Wochenplanunterrichts diskutiert und Ausgestaltungsvarianten des Wochenplans in der Theorie und Praxis vorgestellt.

Preisänderungen vorbehalten

Beltz Verlag · Postfach 100154 · 69441 Weinheim

B0156

Wochenplanunterricht

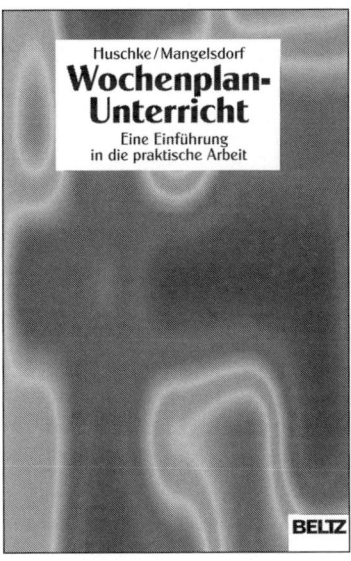

Peter Huschke /
Marei Mangelsdorf

Wochenplan-Unterricht

Praktische Ansätze zu innerer
Differenzierung, zu selbständigem Lernen und zur Mit-
gestaltung des Unterrichts
durch die Schüler.
Sonderausgabe.
112 Seiten. Gebunden. DM 29,80.
ISBN 3-407-21011-6

Das Buch führt in die Arbeit mit
dem Wochenplan ein, gibt praktische Beispiele, geht auf Fragen
und Bedenken ein und bietet Ar-
gumentationshilfen für Kollegen
und Eltern. Das Wochenplan-
Konzept wurde in der Grundschule entwickelt, ist jedoch so
flexibel, daß es auf andere Schulstufen übertragbar ist.
Der Wochenplan ist eine Hilfe
für den Lehrer, zu deren didakti-
schem Konzept es gehört
– daß Unterricht am Interesse
   der Schüler ausgerichtet wird,
– daß im Unterricht Selbsttätigkeit ermöglicht und hand-
   lungsorientiert gelernt wird,
– daß im Unterricht Selbständigkeit des Denkens und Handelns gefördert wird,
– daß im Unterricht soziale
   Verhaltensweisen wie z.B.
   Kooperationsfähigkeit er-
   probt werden.
Das Wochenplanmodell verwirklicht die genannten Prinzipien
nicht von alleine, aber es gibt
dem Lehrer die Chance, die organisatorischen Voraussetzungen
dafür zu schaffen: Es bietet eine
Struktur für innere Differenzierung im Unterricht.

Preisänderungen vorbehalten

Beltz Verlag · Postfach 100154 · 69441 Weinheim   B0157

Schulpraxis

Reinhold Miller (Hrsg.)

Schule selbst gestalten

Band 1: **Beziehung und Interaktion**

Kopiervorlagen

mit Informationen, Kommentaren
und Aufgaben/Anleitungen

BELTZ Pädagogischer SERVICE

Schule selbst gestalten

Band 1:
Beziehung und Interaktion
136 Seiten. Ordner. DM 128,–
ISBN 3-407-62325-9

Die umfassenden und vielfältigen inner- und außerschulischen Veränderungen erfordern erweiterte bzw. neue Angebote für Lehrerinnen und Lehrer zur zeitgemäßen Gestaltung von Schule und Unterricht.

Die Kopiervorlagen sind dafür als Arbeitshilfen gedacht mit folgender Zielrichtung:

- rascher Zugriff zu wichtigen Themenbereichen;
- Multiplikation von Informationen in Form von Arbeitsblättern oder Overheadfolien;
- Grundlagen für Erfahrungsaustausch und Diskussionen;
- Material für Schilf und Schulentwicklung.

Der Band enthält 10 Themenbereiche:

- Gestaltpädagogik
- Neurolinguistisches Programmieren (NLP)
- Nonverbale Kommunikation
- Organisations- und Schulentwicklung
- Psychodrama-Pädagogik
- Schulinterne Lehrerfortbildung (SCHILF)
- Supervision
- Themenzentrierte Interaktion (TZI)
- Transaktionsanalyse (TA)
- Verbale Kommunikation

Preisänderungen vorbehalten

Beltz Verlag · Postfach 100154 · 69441 Weinheim

B0145